Internacionalização Empresarial

Internacionalização Empresarial

A IMPORTÂNCIA DAS REDES

2022

Nelson dos Santos António
Renato Lopes da Costa
(COORD.)

ACTUAL

TÍTULO ORIGINAL:
Internacionalização empresarial. A importância das redes.

COORDENADORES
Nelson dos Santos António
Renato Lopes da Costa

AUTORES
Renato Lopes da Costa, Nelson dos Santos António, Álvaro de Borba Cruz Lopes Dias, Leandro Ferreira Pereira, Rui Alexandre Henriques Gonçalves

CONJUNTURA ACTUAL EDITORA, uma chancela de
Edições Almedina
Rua Fernandes Tomás, 76-80, 3000-167 Coimbra
e-mail: editoras@grupoalmedina.net

CAPA
Joana Carvalho

PAGINAÇÃO
João Jegundo

IMPRESSÃO E ACABAMENTO:
Forma Certa
Junho 2022

Biblioteca Nacional de Portugal - Catalogação na Publicação

António, Nelson dos Santos, e outro

Internacionalização empresarial: a importância das redes / Nelson dos Santos António, Renato Lopes da Costa. – (Extra coleção)
ISBN 978-989-694-683-8

I – COSTA, Renato Lopes da

CDU 658

Mão de Levante
Duas gaivotas repousam
Boiando

Satoshi Hashimoto, 2021

Mãos de Trabalho
Aboboreira
Cheiro Embargante
Perdura

Renato Lopes da Costa, 2021

À minha filha Leonor
(Renato Lopes da Costa)

PREFÁCIO

A informação é um recurso dinâmico. Não existe informação completa, toda ela é incompleta e no processo de solução de problemas as empresas vão adquirindo nova informação que incorporam naquela de que dispõem. A capacidade de aquisição e integração de nova informação na já existente constitui um fator chave para o sucesso de internacionalização das empresas.

Este livro descreve de forma sintética as principais escolas neoclássicas de internacionalização empresarial, dando especial relevo à escola de Uppsala e aos recentes desenvolvimentos da importância das redes no processo de internacionalização das empresas. Existem inúmeras empresas especializadas na recolha, tratamento e venda de informação sobre os mais variados países, cujo preço é incompatível com o orçamento de muitas empresas, especialmente as pequenas e médias. A integração em redes permite ter acesso a muita desta informação a partir dos membros que integram a rede. A partilha de recursos (a informação é um recurso) é uma das características das redes. A integração em redes facilita o acesso à informação que necessitamos. Ao contrário do que os autores neoclássicos afirmam e como anteriormente salientámos, a informação completa é um conceito teórico que na prática não existe. Quando iniciamos o processo de solução de um problema, partimos sempre de uma situação de informação incompleta e, à medida que vamos tentando solucionar o problema em causa, sentimos a necessidade de mais informação, e a integração em redes ajuda-nos a recolher essa informação de uma forma mais expedita e com menores custos.

Este livro destina-se em especial a alunos de licenciatura e mestrado das escolas de gestão e também a gestores envolvidos em processos de internacionalização. A internacionalização não é a panaceia para os males que afetam muitas das nossas empresas, mas uma internacionalização bem conduzida pode ajudar a resolver alguns dos problemas.

Boa leitura.

NOTA INTRODUTÓRIA

Vadio era aquele que não aceitava as regras dominantes na sociedade em que vivia, e muitas vezes rebelava-se. Este livro faz parte de um conjunto de outros que se pretendem lançar com o intuito de vadiar pela gestão. Pretende-se publicar livros que tragam perspetivas desalinhadas com o pensamento dominante na área de gestão. Desenvolver um pensamento crítico sobre as teorias da gestão é o grande objetivo da coletânea de livros que se pretendem publicar.

Capítulo 1
A Globalização dos Mercados e Competição

1.1. Princípios Básicos do Fenómeno Globalização

Numa era de competição particularmente intensa e num mundo dominado de incertezas, onde os concorrentes se multiplicam e produtos e serviços rapidamente se tornam obsoletos, emerge a exigência de novos desafios para os profissionais dos novos tempos: (1) Pensar a longo-prazo, mas mostrar resultados imediatos; (2) inovar sem perder a eficiência; (3) colaborar mas também competir; (4) trabalhar em equipa, sendo avaliado em termos individuais; (5) ser flexível sem romper os padrões; (6) conviver com o real cada vez mais virtual; (7) manter a liberdade, mas estar cada vez mais ligado em rede; (8) procurar a perfeição no meio da rapidez; (9) ser agressivo, sem perder a emoção e o respeito pelos outros; (10) agir rápido e por impulso, mas com consciência e responsabilidade e (11) ser empreendedor, mas mudar e inovar permanentemente, são apenas alguns exemplos das condições impostas pela aldeia global em que vivemos.

A dependência entre as várias economias mundiais, a liberalização do comércio e dos investimentos, o avanço das tecnologias de informação e comunicação, a procura cada vez mais feroz por baixos custos de produção, comunicação e transporte, consumidores cada vez mais informados e que requerem produtos e serviços ao menor preço, a evolução dos países emergentes que vieram alterar as dinâmicas estáveis que personificaram o mundo empresarial durante muito tempo e, os problemas associados ao conhecimento que levaram as empresas a expandir-se pelos «quatro cantos do mundo», são também fatores característicos de um momento de viragem caraterizado a partir de meados de 1990 (António, 2006) e que nos conduziram ao fenómeno de globalização que hoje conhecemos, o que obrigou as empresas a basearem as suas estratégias em critérios de análise objetivos e a canalizar a sua capacidade estratégica para ações concretas na obtenção de vantagens competitivas que promovam o seu crescimento e competitividade.

Abordar os benefícios deste paradigma do ponto de vista daquilo que se constitui como globalização, exige por isso a construção de uma matriz que inclua fatores distintos de análise que permitam perceber os princípios básicos do fenómeno global (Fig. nº 1).

Fig. nº 1: Os Sete Princípios Básicos do Fenómeno Globalização

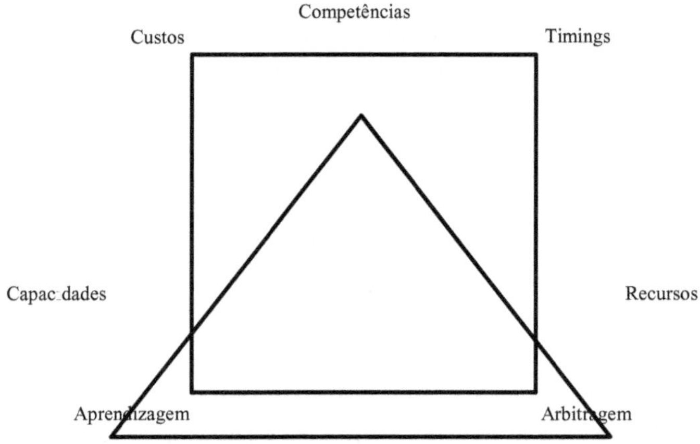

Fonte: Elaboração dos Autores

No desdobramento dos diferentes vértices deste ciclo, podemos dizer que os custos estão relacionados com a possibilidade de se conseguirem alcançar economias de escala, de localização, penetração de canais, aumento de poder negocial e com os próprios benefícios que se podem obter através de contrapartidas ou apoios governamentais. As questões de «tempo» remetem para a possibilidade de existência de uma coordenação e definição eficiente de parâmetros que permitam determinar os melhores momentos para o lançamento de determinados produtos/serviços, aproveitando o efeito de escala. As capacidades relacionam-se por sua vez com a partilha de experiências em termos de conhecimento, com o acesso a boas práticas, com a gestão dos recursos humanos e com as diferentes especificidades de produtos que podem existir entre as diversas filiais espalhadas pelo mundo. As questões de arbitragem são por seu turno refletidas sobre o poder negocial das empresas, em que por vezes se consegue fazer com que sejam utilizados recursos de um determinado país para benefício de uma outra filial sediada noutro.

Ou seja, a estratégia de negócio[1] terá de ser influenciada por um conjunto de escolhas, decisões e investimentos (compreendidos nas quatro linhas de sustentação do negócio do modelo da Fig. nº 1) que permitam construir uma estrutura conceptual centrada sobre três eixos: capacidades, competências e recursos, cuja função conjunta permite delinear qual a melhor estratégia de negócio global a desenvolver face

[1] Estratégia de negócio aplica-se a um nível de negócio que opera num segmento industrial específico, definindo a forma como o negócio quer e é capaz de competir num determinado segmento. Estratégia corporativa é aplicada a uma empresa que está envolvida em diferentes segmentos de negócio – empresa «multi-negócio». Esta define o portfólio de negócios onde uma empresa quer estar e o padrão de alocação de recursos entre esses negócios.

à estrutura do mercado global em que a empresa se encontra inserida.

Desta forma, se a competitividade se pode definir como a capacidade para suplantar a concorrência, a vantagem competitiva é o argumento sobre o qual se constrói a capacidade para suplantar a concorrência. Assim, a vantagem competitiva é o resultado conseguido por uma combinação de competências e recursos (tangíveis ou intangíveis), denominando-se a adequação ou receita para obter essa vantagem competitiva de «capacidade estratégica». Neste sentido, a capacidade estratégica é a adequação e sustentação dos recursos e competências de uma organização para sobreviver e prosperar num mundo global.

A constituição de sistemas de risco por parte das empresas com o intuito de sustentar planos contingenciais e estudar a complexidade da envolvente (relacionando-os posteriormente com os seus objetivos e planeamento estratégico) surgiu exatamente a partir da leitura dos sete princípios do fenómeno de globalização apresentado.

Num mapa global onde o aumento de receitas, o desenvolvimento de novos produtos, a redução de custos e a necessidade de informação (sobre concorrentes, clientes, fornecedores, tecnologias, ambientes e relações de negócios potenciais) sobre os mais diversos contextos assumem um lugar de destaque, a gestão empresarial vem exigir que a informação disponível sobre a envolvente se traduza em inteligência, sob o ponto de vista da recolha, análise, planeamento e comunicação. A este fenómeno do contexto empresarial é aquilo que se denomina de inteligência competitiva e que está diretamente ligada ao fenómeno global.

Agir de forma rápida e eficiente com base na criação de novas soluções e produtos antes de qualquer outro concorrente vem traduzir a forma inteligente com que deve lidar com a informação, e não apenas a informação relativa ao concorrente direto outrora existente no outro lado da rua, mas informação relativa ao concorrente direto que hoje em dia pode estar colocado a quilómetros de distância em qualquer um dos «quatro cantos do mundo» (António, 2006).

Há mais de 30 anos, Porter referenciava que enquanto as empresas continuassem a encarar a inteligência competitiva como algo informal, nunca seriam capazes de identificar oportunidades de negócio e ameaças em tempo útil, fundamentalmente no que diz respeito às PME (pequenas e médias empresas), face à sua falta de estruturação em termos de decisões táticas e estratégicas.

Singapura por exemplo abriu há relativamente pouco tempo o segundo maior centro de I&D do Sudoeste Asiático: O Fusionapolis[2]. França apostou nos últimos anos no projeto Osíris[3], proporcionando a 71 regiões dentro do seu território altos níveis de competitividade através da aposta na construção de modernas instalações que promovem a aposta na investigação em múltiplas disciplinas de carácter científico. Por outro lado, restruturou o seu sistema de ensino focalizando-o nos conceitos inovação e conhecimento inteligente e no potenciamento de relações estreitas entre o sector empresarial e a investigação desenvolvida nas suas universidades. Ações que têm permitido colocar o país um passo à frente da concorrência externa, projetando-o para níveis superiores

[2] O centro Fusionapolis tem como objetivo a investigação e pesquisa na área da ciência e engenharia. Singapura tem atualmente uma entidade pública, a A*STAR, que incentiva ao desenvolvimento deste tipo de projetos e à abertura de centros de I&D em áreas específicas de investigação. No caso da Fusionapolis, este projeto pretende juntar milhares de cientistas de diferentes nacionalidades, centrado em investigações multidisciplinares.

[3] Tinha como objetivo desenvolver nos processos e produtos destinados a melhorar a produção de biocombustíveis.

de excelência que têm permitido continuar a sua política de desenvolvimento sustentável, e caracterizá-lo como um dos principais centros industriais Europeus.

Estes são apenas dois exemplos da importância da inteligência competitiva e do potencial que uma eficiente análise da envolvente pode proporcionar às empresas para o seu crescimento corporativo.

Alguns dirão que globalizar não é um processo fácil. Obviamente que qualquer processo de índole estratégica envolve sempre riscos, tais como: (1) fatores culturais como atitudes, gostos, comportamentos e códigos sociais; (2) fatores legais inerentes a regulamentos e questões de segurança nacional; (3) fatores comerciais ligados à distribuição, customização[4] e capacidade de resposta e (4) fatores técnicos envolvendo *standards*, presença física, transporte e questões de linguística. Todos estes fatores serão sempre barreiras a ultrapassar. O importante neste caso é perceber onde as empresas se podem comportar melhor e onde se podem diferenciar mais face às razões que possam ser consideradas para a adoção de um processo de internacionalização, restringindo a oferta que hoje em dia é demasiado transversal e abrangente para poder beneficiar de todas as vantagens de uma aposta de cariz internacional.

1.2. As Quatro Dimensões Propostas para a Diferenciação das Estratégias Internacionais

Questões de enquadramento legal, penetração de canais, reconhecimento da marca, historial de internacionalização, análise das modalidades de internacionalização, variações

[4] A palavra customização é empregue no sentido de personalização ou adaptação. Neste sentido, customizar é adaptar algo de acordo com o gosto ou necessidade de alguém, podendo ser entendida neste contexto como a adequação ao gosto de um determinado tipo de cliente.

cambiais, instabilidade política, diferenças culturais, defesa de marca, quantidade e capacidade dos recursos da empresa, proteção de tecnologia própria, garantia de qualidade, possibilidade de transferir as operações para o estrangeiro, especificidade do produto, custos de penetração, competitividade dos produtos nesse mercado, dimensão requerida para alcançar economias de escala e intensidade do investimento são todos fatores que requerem análise e que podem envolver sempre riscos e custos de entrada no estrangeiro. Mas sejamos realistas, praticamente todas as medidas de elevado potencial o encerram, sendo que o importante neste particular é perceber claramente como construir uma efetiva presença no mercado global.

Posicionar indústrias e segmentos deve desta forma refletir a combinação da análise entre competências e recursos, aquilo que se denomina de «capacidade estratégica». A matriz apresentada na Fig. nº 2 propõe um enquadramento para diferenciar os vários tipos de estratégias internacionais, utilizando quatro dimensões: «estratégia multi-local», «estratégia global», «estratégia transnacional» e «estratégia de internacionalização».

Fig. nº 2: Matriz de Estratégias Internacionais

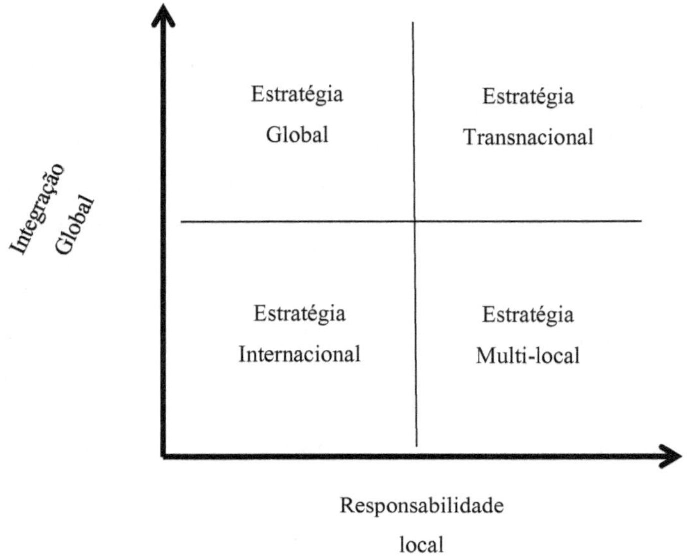

Fonte: Elaboração dos Autores

As quatro dimensões propostas para a diferenciação das estratégias internacionais em termos de recursos, competências e capacidades encontram-se representadas na Fig. nº 2. A dimensão da responsabilidade local está representada no eixo horizontal, e a dimensão para o grau de integração global está representada no eixo vertical.

É percetível que a célula «estratégia global» é aquela que valida um tipo de estratégia competitiva onde as decisões do foro estratégico são tomadas a nível central, sendo o seu grau de integração alto e de responsabilidade local limitado. Neste caso, os produtos existentes nos mercados dos países hospedeiros são os denominados «padrão», logo, permite a execução de economias de escala e possibilita a existência de uma maior capacidade de inovação, isto porque tudo é desenhado a nível corporativo pela «casa mãe». Este tipo de estratégia exige, no entanto, uma boa capacidade de coordenação de todas as unidades de negócio no estrangeiro.

Na célula «estratégia multi-local» já se pressupõe um âmbito mais descentralizado de tomada de decisão. Neste caso, as decisões estratégicas e operacionais são descentralizadas na unidade estratégica de cada país para que os próprios possam criar produtos adaptados a esse mercado. A execução de economias de escala e de grandes inovações fica, no entanto, comprometida.

Na célula «estratégia transnacional», a questão da integração global e responsabilidade local refletem um âmbito mais estratégico. Neste caso, estamos perante uma empresa cuja sede social controla todas as filiais espalhadas pelo mundo, sendo caracterizada, no entanto, por não ter capital social no seu país de origem. Não dominando o processo de produção na totalidade, a empresa procura por isso produzir em diversas regiões do mundo, ainda que o processo de montagem seja realizado em localidades específicas, procurando reduzir custos de mão-de-obra, de produção e impostos.

Apesar do etnocentrismo[5], policentrismo[6] ou geocentrismo[7] que possa estar envolvido nos diferentes tipos de decisões internacionais, recursos baratos, aumento da rentabilidade de capitais, aumento de quota de mercado e contorno de obstáculos burocráticos são sempre as principais razões que levam as empresas a optar pela internacionalização. A célula «estratégia internacional» é por isso aquela que valida menores riscos e custos em termos do tipo de

[5] Acredita que as práticas de gestão no seu país de origem podem ser exportadas conjuntamente com os seus bens e serviços.

[6] Vê todos os países como diferentes e difíceis de ser entendidos.

[7] Reconhecem-se semelhanças e diferenças entre os países, utilizando técnicas e práticas face ao contexto onde se querem inserir.

estratégia internacional a adotar face ao contexto específico de uma determinada indústria. Exportações, licenciamentos, alianças, aquisições, franquias ou investimentos em campos ainda não explorados (projetos ainda no papel, mas com larga margem de puderem vir a ser bem-sucedidos no futuro) são opções de entrada em mercados estrangeiros pela via da internacionalização.

Capítulo 2
A Conceção de uma Estratégia Global

2.1. As Quatro Componentes de uma Estratégia de Negócio Global

A estratégia de negócio de uma empresa engloba um conjunto de escolhas fundamentais. Parte-se do pressuposto que objetivos de longo-prazo, escolha de segmentos onde se inserir, definição de uma proposta de valor para o mercado e formas de construir, sustentar e organizar um sistema organizacional competitivo são fatores para competir em mercados mundiais chave. Podemos por isso dizer que um sistema de negócio global deve ser construído por um conjunto de atividades integradas e coordenadas entre fronteiras, pressupondo que se devam analisar quatro componentes para a sua constituição: ambição, posicionamento, sistema de negócios e organização (Fig. nº 3).

Fig. nº 3: As Quatro Componentes de uma Estratégia de Negócio Global

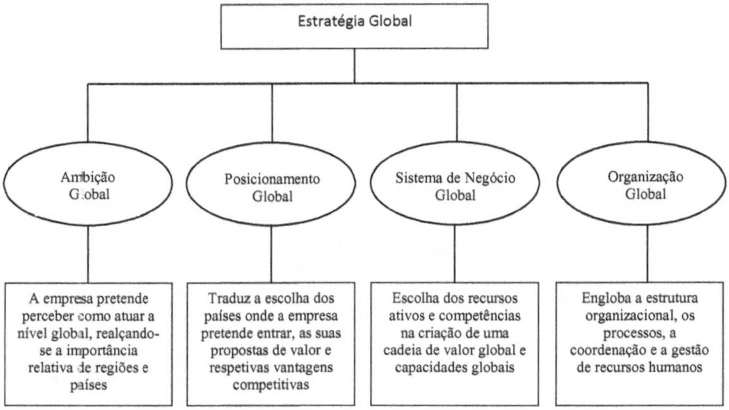

Fonte: Elaboração dos Autores

2.2. A Ambição Global

A estratégia de ambição global traduz o papel que uma empresa pretende ter no mercado mundial. A distribuição das vendas, dos ativos, recursos humanos e das próprias atividades são, desta forma, as características principais que permitem perceber a forma de atuação das organizações a nível global. Em estratégia, normalmente são utilizadas três ferramentas que nos permitem perceber a ambição global das empresas: o índice de receitas globais (IRG), o índice da capacidade global (ICG) e o mapa de ambição global (MAG). O IRG é usado para medir a globalidade da empresa. Através do rácio de distribuição de vendas de uma determinada empresa no sector onde opera, podemos obter o seu grau de ambição global. Ou seja, quanto maior o seu valor, maior é a globalidade da empresa nas principais regiões do mundo – Fig. nº 4.

Fig. nº 4: IRG = $\lesseqgtr_{1}^{n} \lesseqgtr [\, I x_{n} \lesseqgtr (\mathrm{Cum}\, R x_{n} + \mathrm{Cum}\, R x (n-1)\,)]$

n – número de regiões a considerar
Ix n – procura da indústria na região em proporção à procura mundial
Cum Rx n – proporção cumulativa de vendas da empresa nas regiões n, por ordem ascendente

Pode então dizer-se que o IRG privilegia a importância de cada mercado, ao invés do número e países em que a empresa está presente, sendo que quanto maior forem os níveis de consumo dos países onde a empresa está presente, maior a probabilidade de obtenção de um maior índice de receitas globais. O ICG calcula-se de forma semelhante ao IRG, ainda que neste caso a distribuição de vendas seja substituída pela consideração de ativos e recursos humanos[8]. Neste caso, a dependência forte de terceiros valida um ICG baixo. A combinação do IRG e ICG define o mapa de ambição global, classificando o papel das empresas ao nível do mercado mundial. Este, para além de comparar a posição das empresas com os seus concorrentes, permite analisar também a evolução da ambição global da empresa e definir novos objetivos. O tipo de *player* é definido a partir da relação de rácios (Fig. nº 5).

[8] A capacidade considerada neste índice refere-se apenas à capacidade interna, não incluindo índices de avaliação externos como *outsourcing*, subcontratação ou alianças.

Fig. nº 5: Definição do tipo de Ator Global a partir dos Rácios IRG e ICG

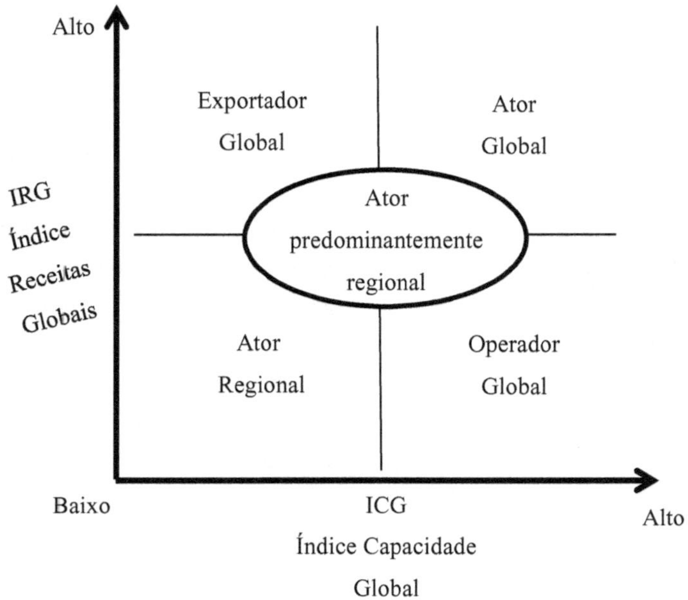

Fonte: Elaboração dos Autores

É considerado um ator regional a organização que possua uma forte vantagem competitiva num dos principais mercados mundiais (EUA, Europa e Ásia). A Fiat e a Philips são exemplos paradigmáticos do papel desempenhado por ambas no mercado mundial. Com posições fortes no mercado europeu, a entrada nos mercados norte-americano e asiático tem-se, no entanto, revelado muito difícil. Ainda que tenham procurado parcerias estratégicas com empresas locais para aumento da sua competitividade, a verdade é que não conseguem ocupar uma posição relevante nestes *clusters* geográficos.

Considerando nos países hospedeiros apenas estruturas de apoio, um exportador global utiliza predominantemente as suas operações em solo estrangeiro como estímulo à exportação/venda dos seus produtos ou serviços para os principais mercados mundiais. A Airbus, por exemplo, é considerada um exportador global, construindo os seus aviões em França e possuindo estruturas de apoio às vendas e manutenção no estrangeiro.

Um operador global mostra por sua vez a perspetiva de uma empresa que não pode ser considerada como tendo uma ambição global. No entanto, em presença de problemas relacionados com coordenação de atividades, acaba por ser estruturada de forma semelhante a um qualquer ator dentro do modelo da Fig. nº 5. A empresa portuguesa Riberalves é um exemplo de operador global visto que a sua matéria-prima (bacalhau) vem do Atlântico Nordeste e que se destina ao mercado nacional português. Um operador global é por isso caraterizado por produzir grande parte dos seus produtos em fábricas localizadas fora do seu mercado de origem, contudo as vendas são direcionadas para o seu país/mercado de origem.

No outro extremo do modelo, há que considerar ainda a figura de ator global, aspirando o tipo de empresas que se enquadram neste quadrante a estabelecer uma posição competitiva sustentável nos principais mercados mundiais. Empresas como a Sony, Staples ou a Microsoft, seguem este tipo de estratégia, procurando construir um sistema de negócios integrado de projetos espalhados por esses mercados.

Por fim, um ator predominantemente regional pode ser considerado uma organização mais desenvolvida do que um ator regional, no entanto, a sua presença ainda não é significativa nos principais mercados mundiais. A empresa Boticário é um exemplo concreto nesta articulação, tendo mais do que uma presença regional, não estando ainda presente com força competitiva de líder nos considerados mercados-chave.

Em suma, qualquer empresa com uma estratégia de ambição global procura estabelecer-se como um ator global, sendo que tal objetivo se deva caracterizar através de uma distribuição de vendas, ativos e recursos humanos, proporcional à distribuição do mercado onde a sua atividade se insere e a um conjunto de atividades que devem ser geridas de forma integrada e coordenada globalmente.

2.2. O Posicionamento Global

O tamanho, a cultura, a concorrência, o mercado em geral, o crescimento ou até mesmo a qualidade dos seus recursos são as principais condições que determinam as circunstâncias oferecidas por cada país para a escolha da entrada das mais diversas empresas. Iniciar um processo de globalização deve indiciar assim a análise de diversos tipos de países (Fig. nº 6), e de subsequentes decisões tendo em conta a melhor relação possível entre o binómio organização/produto *vs.* público-alvo.

Fig. nº 6: Agrupamento dos Países por Categoria

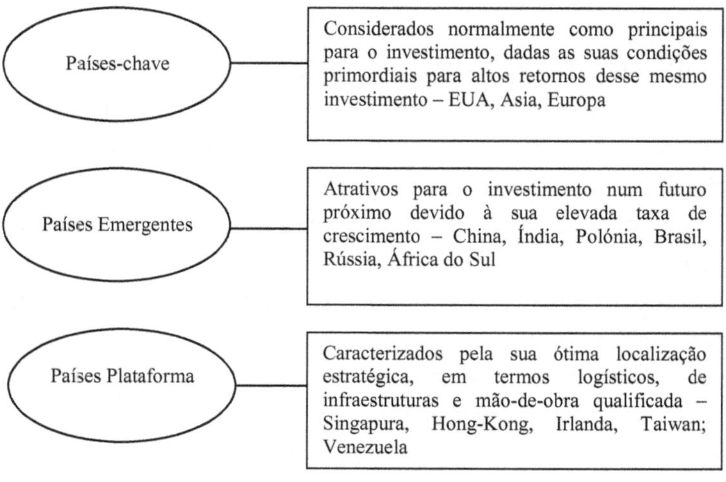

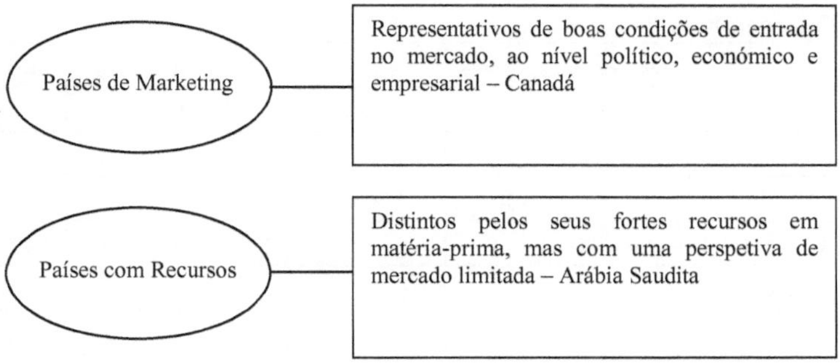

Fonte: Elaboração dos Autores

A grelha de comparação de atratividade dos países e a natureza da atratividade/competitividade internacional propostas na Tabela 1 e Fig. nº 7 para identificar os países com maior atratividade para o investimento, são duas ferramentas que nos podem permitir medir diferentes dimensões e, consequentemente, perceber qual a opção de internacionalização mais adequada. No primeiro caso ponderando diferentes fatores em termos comerciais, operacionais e de risco e, no segundo, relacionando a atratividade de um dado país com a sua força competitiva.

Tabela 1: Grelha de Comparação da Atratividade dos Países

		País			
Fatores	Ponderação	A	B	C	D
Comerciais					
Dimensão do mercado	15%	6	5	4	3
Taxa de crescimento	10%	7	7	6	5
Nível de preços	7%	7	6	5	3
Outros	3%	3	2	3	2
Avaliação Comercial	35%	2,18	1,93	1,99	1,22

Operacionais					
Regulamentação legal	10%	5	8	5	4
Custo de recursos legais	15%	3	8	6	3
Burocracia	7%	1	3	4	3
Outros	3%	4	4	5	2
Avaliação Operacional	35%	1,14	2,33	1,83	1,12
Risco					
Cambial	10%	6	5	6	5
Político	10%	7	2	6	4
Competitivo	10%	5	2	3	2
Avaliação do risco	30%	1,8	0,9	1,5	1,1
Avaliação Global	**100%**	**5,12**	**5,16**	**5,32**	**3,44**

Fonte: Elaboração dos Autores

Segundo os três fatores identificados na tabela 01, coadjuvados com a devida relação de ponderação dada pela gestão responsável pela análise, consegue-se ter uma abordagem quantitativa que permite uma tomada de decisão mais sustentada. No caso em concreto da Tabela 1, a grelha indica que, dados os fatores considerados, a melhor opção seria a C.

Fig. nº 7: Matriz da Atratividade/Competitividade Internacional

Ameaça Competitiva do País

Atratividade do País	**Reduzida**	**Média**	**Elevada**
Elevada	Desinvestimento/ Empreendimentos conjuntos	Crescimento via Investimento Direto	Crescimento via Investimento Direto
Média	Desinvestimento/ Transações/Projetos	Investimento Seletivo/Projetos/ Transações	Crescimento via Investimento Direto
Reduzida	Desinvestimento/ Transações	Desinvestimento/ Transações	Investimento Seletivo/Projetos/ Transações

Fonte: Elaboração dos Autores

No âmbito da determinação do posicionamento estratégico de uma empresa, é importante, no entanto, perceber também que quando se pretende entrar em novos países, a proposta de valor é um fator determinante. Ou seja, a elaboração de uma proposta de valor passa pela consideração de três tipos de fatores: os atributos valorizados pelos consumidores, os segmentos em que a empresa pretende trabalhar e o nível de estandardização dos seus produtos.

Os atributos valorizados pelos consumidores dizem respeito às características do produto ou serviço que este mais valoriza na sua decisão de compra. Segundo Porter (1985), existem dois tipos de atributos que resultam em vantagens competitivas, são eles a diferenciação[9] (que permite aumentar o valor do produto ou serviço, através da sua funcionalidade, desempenho, qualidade, serviço pós-venda ou personalização) e a liderança pelo custo, neste caso quando a proposta de valor incide no fator «baixo custo»[10].

Considerando que os atributos valorizados são refletidos numa curva de valor e que todos os clientes do mesmo segmento têm uma curva de valor semelhante, o segundo passo da proposta de valor deve incidir sobre os segmentos que a empresa pretende trabalhar. Os segmentos *business-to-consumer*[11] ou *business-to-business*[12] definem desta forma a adoção de

[9] Tecnologia superior, qualidade superior, design inovador, melhor funcionalidade, personalização, melhores serviços relacionados, *one-stop shopping*, venda de soluções, imagem de marca, distribuição ágil, relação com o cliente, serviços pós-venda, financiamento.

[10] Baixo custo da matéria-prima, mão-de-obra de baixo custo, de economias de escala, economias de experiência, volume acumulado, base de clientes, externalidades de rede, processos tecnológicos eficientes, gestão de tempo, gestão de produtividade.

[11] Rendimento, localização geográfica, comportamento na hora de compra.

[12] Indústria, dimensão, comportamento de compra.

uma estratégia mais focalizada ou mais ampla, dependendo das estratégias e agrupamentos definidos para a sua concretização. Definidos os segmentos deve-se por fim definir o posicionamento em termos das escolhas relativas às especificidades próprias de cada país, podendo a proposta ser mais adaptada ou estandardizada face a essas mesmas especificidades (Tabela 2).

Tabela 2: Posicionamento Global

Nichos de Mercado Globais			
Padrão		**Adaptativo**	
Diferenciado	Líder pelo custo	Diferenciado	Líder pelo custo
Nicho diferenciador padronizado	Nicho padronizado de baixo custo	Nicho adaptado diferenciado	Nicho adaptado de baixo custo
Exemplo: Swatch, Intel	Exemplo: Acer	Exemplo: McDonalds	Exemplo: Carrefour

Mercados Amplos			
Padrão		**Adaptativo**	
Diferenciado	Líder pelo custo	Diferenciado	Líder pelo custo
Diferenciador padronizado amplo	Líder pelo custo padronizado amplo	Diferenciador adaptativo amplo	Líder pelo custo adaptativo amplo
Exemplo: Sony	Exemplo: Matsushita	Exemplo: Unilever, P&G, Philips	Exemplo: Electrolux

Fonte: Elaboração dos Autores

A grande questão coloca-se desta forma em como alcançar vantagens competitivas sustentáveis, isto porque a obtenção de vantagens competitivas por si só não é suficiente, devendo estas ser sustentáveis numa perspetiva de longo-prazo. Existem três formas distintas para obter a sustentabilidade destas vantagens competitivas; fidelização dos clientes, comentário positivo e capacidades preempção[13] (Fig. nº 8).

Fig. nº 8: As Três Formas Distintas de Obtenção de Sustentabilidade de Vantagens Competitivas

Fonte: Elaboração dos Autores

Fidelizar os clientes através da qualidade, do estatuto, de custos de mudança elevados, da criação de redes de informação e comunicação entre empresas, de efeitos de experiência, de capacidades de preempção, por ser pioneiro ou mesmo de alavancamento de vantagens[14] que se possam obter, são exemplos dos inúmeros meios que as empresas têm ao seu dispor para alcançar a sustentabilidade de vantagens competitivas. A Coca-cola, a Louis Vuitton, a parceria entre a Microsoft e a Windows são excelentes exemplos de vantagens competitivas sustentáveis que foram sendo alcançadas na construção de empresas hoje denominadas globais. Ou seja, os movimentos sincronizados das empresas que envol-

[13] Baseia-se na apropriação antecipada de recursos ou ativos considerados chave na indústria ou sector, por forma a que os concorrentes tenham maior dificuldade de acesso aos mesmos.

[14] Capacidade das empresas em conseguir explorar as capacidades e experiência adquirida em determinados países, para que as possam replicar e aplicar noutros contextos de forma a possibilitar uma posição de domínio e liderança de mercado.

vem jogadas estratégicas em prol de maiores rendimentos globais a longo-prazo são, por isso, semelhantes a um jogo de xadrez. Um movimento errado pode sacrificar uma estratégia, mas um conjunto de movimentos bem-sucedidos podem construir um verdadeiro sistema de negócio global. Em suma, a determinação do posicionamento global de uma organização terá sempre de ser definido a partir da escolha de países onde esta opera, da proposta de valor com que se apresenta no mercado e em função das vantagens competitivas que detém nesse mesmo mercado global como forma de destronar a sua concorrência.

2.3. Sistema de Negócio e Organização Global

Antes de se poder refletir sobre as capacidades necessárias para atuar a nível global, é importante que se coloquem seis grandes questões de base. Com que produtos ou serviços se deve iniciar a globalização? O que torna certos mercados locais mais estratégicos do que outros? Como escolher o processo de entrada no mercado global? Como transplantar o ADN da empresa ao entrar nos novos mercados? Que abordagem se deve usar na concorrência local? Com que rapidez se deve avançar no processo de globalização?

O processo de globalização é algo complexo e depende sempre da estratégia das empresas, da sua ambição, de querer evoluir como ator global, regional ou operador global, ou da própria informação que se possa obter sobre os mercados globais. Neste sentido, iniciar um processo de globalização dependerá sempre da existência de unidade de negócio e, neste caso, existem duas opções a considerar: a estratégia «multi-local» a partir da venda de produtos adaptados, ou de âmbito global, neste caso suportada pela venda de produtos padrão.

No entanto, independentemente do tipo de produtos ou serviços com que devemos iniciar um processo de globalização, é importante que se realce que não se deve pensar em estratégia apenas com enfoque em baixos custos. Se assim fosse como se explicava que as empresas locais não possam competir com as estrangeiras? Aqui, há que incluir: (1) as influências de falhas no mercado de bens; (2) a possibilidade de se vir a obter consideráveis economias de escala; e, inclusive, (3) a interferência dos governos através de menores custos de transação (como de impostos mais baixos); (4) a análise ao rendimento por pessoa; (5) a análise aos pontos fortes e fracos e potencialidades futuras do mercado; (6) a análise a fatores comerciais, operacionais e de risco; (7) a análise ao tamanho do país, às infraestruturas, às redes de comunicação e (8) a análise aos custos de mão-de-obra, questões económicas, politicas legais ou incentivos fiscais diversos.

Se quisermos, por exemplo, considerar os principais fluxos de fronteira entre as filiais constituintes da empresa tendo em conta atividades inovadoras, produtivas e de relação com o cliente, propomos que se possa aplicar o modelo proposto na Tabela 3.

Tabela 3: Análise aos principais fluxos de fronteira entre as filiais constituintes da empresa

Atividades Inovadoras	Importância	Relativa Força da Rolos SA	Atividades Produtivas	Importância	Relativa Força da Rolos SA	Atividades de Relação com o cliente	Importância	Relativa Força da Rolos SA
I1 I&D	6	4	P1. Produção	9	4	R1. Relação com fornecedores	6	3
I.2 Conhecimento	7	5	P2. Operações	7	5	R.2 Marketing e Vendas	6	4
I.3 Criação	8	8	P.3 Engenharia	7	9	R.3 Compras	9	4
I.4 Design	7	4	P.4 Distribuição	8	7	R.4 Serviço ao Cliente	4	8
I.5 Desenvolvimento de Produto	8	5	P5. Planta e Equipamentos	8	7			
I.6 Tecnologia	7	6						
Média	7,1	5,33		7,8	6,4		6,25	4,75

Fonte: Elaboração dos Autores

As atividades a considerar para efeitos de análise repercutem-se à vertente de inovação, produção e relação com o cliente. Neste instrumento podemos, numa primeira fase, verificar que a força relativa da empresa em termos do fluxo de processos entre as suas filiais espalhadas pelo mundo, comparativamente com as suas congéneres concorrenciais, é média, com uma pequena ascendência na vertente produtiva cujo valor se centra em 6,4. Pode ainda perceber-se, segundo os dados do quadro, que a força relativa da empresa Rolos SA é em todos os quadrantes diminuta relativamente à importância de cada atividade para o setor em análise.

Em suma, a relação entre ambas as variáveis (importância e força relativa) permitirá à empresa verificar as suas forças, fraquezas, forças desnecessárias e eventuais zonas de irrelevância (Fig. nº 9).

Fig. nº 9: Matriz resultante dos principais fluxos de fronteira entre as filiais constituintes da empresa

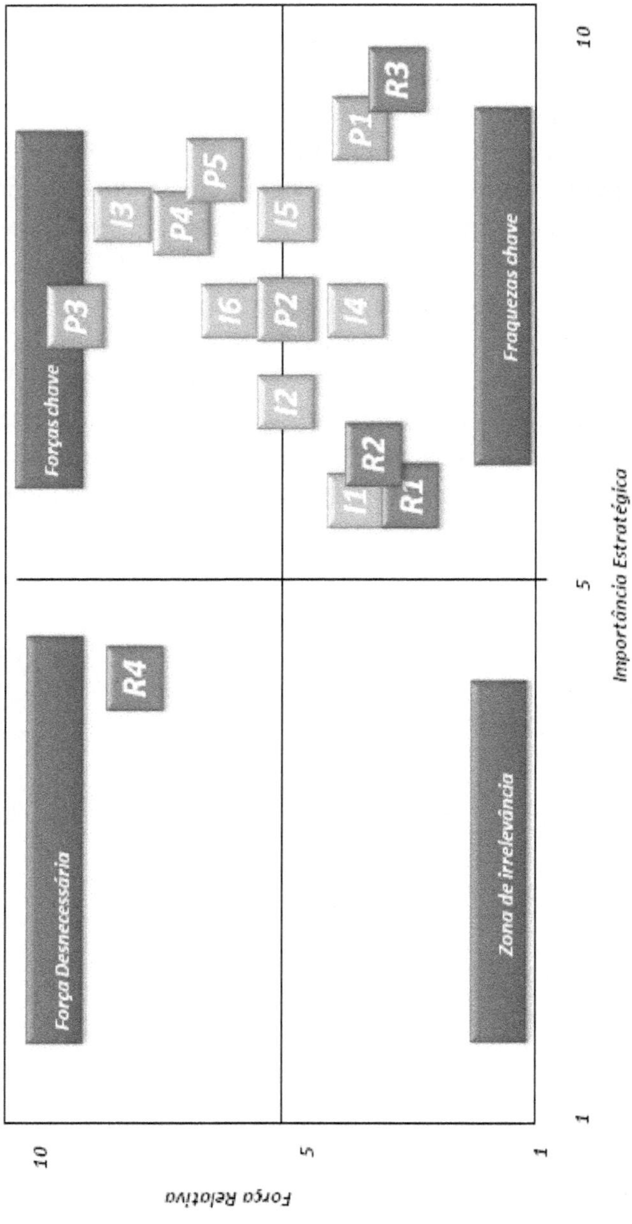

Fonte: Elaboração dos Autores

Ou seja, escolher o processo de entrada no mercado global dependerá sempre das estratégias das empresas. Quererão estas ter o controlo absoluto em termos de decisão ou do tipo de produto que se quer comercializar? Quererão estas adquirir *know-how* e usufruir deste tipo de vantagens (incluindo tecnológicas e boas práticas)? Quererão estas colocar apenas os produtos no exterior pela via de mercado? Qual a sua capacidade de investimento? Terão estas vantagens de propriedade (propriedade), de localização em função de onde serão implementadas as operações (localização) ou de internalização – ao invés da opção via de mercado (internalização)?

O processo de globalização deve, por isso, centrar-se nas atividades inovadoras. Atividades produtivas e de relacionamento com o cliente por um lado, e na evolução do ciclo de vida da indústria e das tendências do mercado e da concorrência por outro. A escolha de uma estratégia multi-local, global, transnacional ou internacional resultado de investimentos conjuntos, franquias, licenciamentos, alianças, aquisições, investimentos em campos ainda não explorados ou quaisquer outras vão depender, por isso, do estudo das diferentes variáveis ou modalidades de internacionalização.

Ou seja, a escolha de operações comerciais sem investimento direto no exterior (exportação, venda de tecnologia), de operações produtivas sem investimento direto no estrangeiro (licenciamento, franquias e externalização), de operações comerciais com investimento direto no exterior (filiais e unidade de *stock*) ou de operações produtivas com investimento direto no exterior (unidade de montagem e fabricação) dependerá sempre dos objetivos e capacidades das organizações na escolha da melhor opção de entrada em mercados estrangeiros e das suas consequentes vantagens e desvantagens (Tabela 4).

Tabela 4: Vantagens e desvantagens de uma Estratégia Global

Vantagens	Desvantagens
– Potencia economias de escala; – Potencia a curva da experiência; – Maior competitividade nos custos, origina uma redução do preço; – Incentiva a Investigação & Desenvolvimento; – Diminui a dependência do mercado interno; – Escoamento de *stocks*; – Diminuição da sazonalidade.	– Ultrapassar as barreiras à entrada; – Mudança de mentalidade e do sistema de gestão necessário à transformação numa empresa global; – Risco de dispersão de esforços e recursos da empresa pelos diversos países; – Facilita o acesso às suas tecnologias e produtos a potenciais concorrentes estrangeiros; – Retorno a longo prazo; – Necessidades de adaptação do produto.

Fonte: Elaboração dos Autores

Em suma, a estratégia multi-local, transnacional, de aliança ou de internacionalização pela via da exportação ficam desde logo postas de parte no caso de se pretender transplantar o ADN de um país de origem. Neste caso, teriam de ser equacionadas as opções de «investimentos em campos ainda não explorados», licenciamentos e aquisições ou uma estratégia global cujas orientações estratégicas, inovações e decisões fiquem centralizadas no país de origem, conferindo a estas organizações uma maior possibilidade de colocar novos produtos, obter vantagens de escala, de produção e marketing e, inclusive, proporcionar melhores serviços pós-venda.

Da mesma forma, a abordagem a usar em termos de concorrência local no caso de existência de uma concorrência forte ou muito forte deve incidir sobre o licenciamento, ainda que se possa aconselhar uma qualquer outra opção desde que baseada numa boa relação qualidade/preço e baixos custos operacionais (sendo a mais aconselhável a estratégia multi-local) para os casos em que o fator concorrência não seja determinante em termos de importância da decisão a tomar.

Avançar no processo de globalização não se trata por isso de rapidez, dependerá sempre do tamanho, da estrutura, da estratégia, da rivalidade entre empresas existentes, dos fatores de produção, das indústrias relacionadas e de apoio envolvidas, das condições de procura, dos processos específicos de planeamento e gestão de operações ou da própria cultura, aspetos cruciais face a duas decisões, onde e como internacionalizar devendo, por isso, este processo ser realizado faseadamente, considerando sempre benefícios, custos e riscos potenciais das diferentes alternativas (Tabela 5).

Tabela 5: As Diferentes Fases do Desenvolvimento Global

Fases do desenvolvimento global	Estrutura	Processo	Cultura
Exportação Inicial	- Constituição de um departamento responsável pelas exportações; - Atividades desenvolvidas a partir da sede; - Distribuidores são agentes locais; - Constituição de escritórios de representação.	Processo Doméstico: - Base de Dados Internacional; - Financiamento Internacional.	É dominante a cultura de base da organização.
Auge da Exportação e Constituição de Filiais	- Divisão Internacional de forma distinta à divisão das atividades domésticas; - Filiais reportam internacionalmente; - Divisão por país.	- Processos específicos de planeamento e gestão de operações; - Carreiras internacionais diferentes das locais.	Cultura etnocêntrica: - Dominada pelos elementos não pertencentes à cultura inicial; - Elevado grau de autonomia operacional das filiais.
Multinacionalização	Estrutura Geográfica: - O mundo está organizado por regiões; - Filiais reportam à sede regional que por sua vez reporta à direção da empresa; - Empresa como conjunto de unidades nacionais.	Localização; Vários processos instalados em requisitos nacionais Apenas algumas políticas centrais Carreiras essencialmente nacionais, exceto para alguns gerentes internacionais	Cada entidade nacional reflete a cultura desse país.

Global	Estruturas integradas: Dois tipos: 1.Funcional Global: cada função-chave é gerida de forma centralizada. 2. Matriz Única: reporta-se por grupo geográfico e por grupo funcional.	Estandardização Global: - Processos comuns e procedimentos padronizados para além das fronteiras; - Atividades coordenadas de forma centralizada; - Sinergias sistematizada carreiras internacionais	Pensamento Global: - Fortes valores corporativos; - Cultura corporativa prevalece acima de qualquer cultura nacional incluindo a cultura da empresa-mãe.

Fonte: Elaboração dos Autores

Capítulo 3
Teorias da Internacionalização

3.1. As Teorias Económicas da Internacionalização

Nas últimas décadas temos assistido a um considerável avanço no que ao estudo das teorias económicas de internacionalização diz respeito. A um nível meso, este avanço tem sido assim explicado fundamentalmente a partir de quatro âmbitos de análise, num âmbito de investigação relativo ao investimento direto estrangeiro, numa ótica de localização e análise de alianças estratégicas e franquias e, sobretudo, pelos estudos de Dunning na observação de dados focalizados na análise de exportações e licenciamentos e numa ótica refletida nas vantagens e desvantagens da internalização/externalização das mais variadas atividades empresariais.

Pode observar-se, portanto, que têm sido várias as teorias económicas de internacionalização criadas por diferentes autores para explicar esta temática, quer sejam estas explicadas a partir da sua agregação macroeconomia, quer pelas próprias influências comportamentais que enfatizam os problemas associados com a aprendizagem, o comprometimento e os aspetos culturais da internacionalização no seu processo gradual de aprendizagem.

Num contexto histórico, um dos autores que mais se destacou na investigação do fenómeno internacionalização foi, de facto, Hymer (1976), abordando a questão a partir da sua preocupação em termos da necessidade de se diferenciarem investimentos financeiros daqueles aos quais denomina como portfólio. Segundo o autor, a diferenciação destes dois fatores reside, portanto, no controlo e motivação explicado com base nas taxas de juro aplicadas.

Assim, segundo Hymer, os investimentos diretos no exterior não podem ser explicados a partir de fatores motivacionais como procura por baixos custos de produção, pois se assim fosse ter-se-ia dificuldade para explicar o porquê de determinadas empresas locais não competirem com sucesso com as estrangeiras. Para Hymer, as determinantes da produção internacional são assim explicadas pelas falhas/imperfeições existentes no mercado de bens, pelas economias de escala internas e externas e pela interferência dos governos em termos de produção e comércio.

Ou seja, segundo o autor, ainda que o investimento direto estrangeiro possa validar sempre custos extras e riscos, como custos de comunicação e de aquisição de informação em geral (onde são englobadas diferenças culturais, linguísticas, legais, económicas e de ambiente político nas quais as organizações terão de operar no país hospedeiro), custos de tratamento diferenciado que eventualmente algumas empresas possam enfrentar ou custos e riscos de alteração de taxas de flutuação, a verdade é que as determinantes do investimento direto estrangeiro se resumem a três fatores, falhas de mercado, vantagens e desvantagens que um determinado país possa oferecer e diversificação.

Baseado na Economia Institucional de Coase (1960), o que Hymer vem de facto acentuar são as imperfeições das transações no mercado como a razão para o crescimento interno das empresas, ou seja, combinação de economias de escala e vantagens comparativas de coordenação da produção via hierarquia interna versus coordenação através do mercado.

Mas daqui ressaltam algumas questões. Onde obter maiores vantagens? Será a partir da produção doméstica através de exportação? Será a partir da produção num país hospedeiro através de acordos de licenciamento envolvendo firmas locais? Ou será por via de produção direta no exterior?

Em 1973 surge a teoria das estruturas oligopolistas, sendo que, segundo esta vertente de análise, as maiores vantagens para as organizações residem na produção direta no exterior, devendo o investimento das empresas passar pela aquisição de ativos fora do seu país de origem a fim de controlar totalmente ou parcialmente a operação desses mesmos ativos, sendo esta teoria denominada como a teoria comportamental das multinacionais resultante dos fatores rivalidade, incerteza e tempos de decisão, em que o equilíbrio aqui é definido no pressuposto de que um determinado rival não possa impunemente melhorar a sua posição de mercado à custa de outro.

Tendo em consideração que os oligopólios se formam através do desenvolvimento de novos produtos, de vantagens de escala e de vantagens assentes em fatores de produção, marketing e gestão, estas são as formas de competir que os competidores têm à sua disposição para gradualmente ir eliminando a concorrência em países estrangeiros. Ou seja, sem excluir as barreiras tarifárias e não-tarifárias que podem também ter influência na estrutura competitiva das empresas, podendo oferecer serviços pós-venda diferenciadores, a incerteza e o risco aqui patentes podem assim ser combatidos através dos fatores mencionados anteriormente e da própria aprendizagem continua, a fim de eliminar ou diluir o risco ou a incerteza inerente a qualquer processo de internacionalização.

No entanto, ainda que esta teoria tenha contribuído para a evolução do estudo do fenómeno da internacionalização, a verdade é que no detalhe este modelo parece um pouco limitado, pois o papel do tempo e, particularmente, das mudanças estratégicas neste contexto é vago, pois não especifica o momento das mudanças no aspeto da exportação e da gestão do investimento estrangeiro.

Face a esta lacuna na literatura de então, foi necessário inferir a análise sobre um conjunto de factos ou fenómenos que necessitam de uma maior explicação, apresentados por Buckley e Casson (1976) na teoria dos custos de transação, acreditando os autores que a existência de custos de transação é a chave do estabelecimento das empresas multinacionais relativamente às suas subsidiárias no exterior, as quais operam sobre um controlo diretamente centralizado ao qual denominaram de integração vertical, ao invés de o fazerem via mercado. Buckley e Casson (1976) partem assim do pressuposto de que as empresas maximizam os seus lucros num mundo de imperfeições de mercado, sendo que quando os mercados de produtos intermediários são imperfeitos, existe um incentivo para desviá-los, criando mercados internos (integração vertical), envolvendo isso a criação da propriedade comum e controlo das atividades que estão ligadas por esse mesmo mercado.

Outra teoria económica muito importante no contexto da internacionalização das empresas é o paradigma eclético de Dunning (1980), consistindo este num quadro sistémico de referência (quadro holístico) a partir do qual é possível identificar e avaliar a significância dos fatores que influenciam tanto a decisão inicial de uma empresa em produzir no exterior, quanto o crescimento deste tipo de produção.

São três as vantagens específicas mencionadas por Dunning, a vantagem específica de propriedade (P-propriedade), estando esta relacionada com a natureza e/ou nacionalidade da propriedade, a vantagem específica de localização

(L-localização), relacionada com o local onde são implantadas as operações no exterior e a vantagem específica de internalização (I-Internalização), obtida ao se utilizar a estrutura da empresa para transações internacionais ao invés de mecanismos de mercado, ou por outras palavras, internalizar transações ao invés de o fazer via mercado. Neste último caso, a variável decisória é o custo de transação, sendo a decisão regida por uma questão hierárquica baseada na relação matriz versus subsidiária (integração vertical), visto que a teoria da internalização tem como pressuposto diminuir os custos de transação.

Ou seja, por mais que historicamente se construam teorias para explicar a história dos negócios internacionais no tempo e no espaço, qualquer processo de internacionalização deve sempre identificar as principais modalidades de entrada no estrangeiro, restringindo as opções de internacionalização das empresas em função de enquadramentos legais, dificuldades de penetração nos canais, reconhecimento da marca, historial passado de internacionalização, análise de modalidades de internacionalização para fazer face aos competidores estrangeiros, variações cambiais, instabilidades políticas, diferenças culturais, do imperativo da defesa da marca, da proteção da tecnologia própria, da necessidade de garantia de qualidade, da maior ou menor possibilidade de transferência das operações para o estrangeiro, da especificidade dos produtos, dos custos de penetração, da competitividade dos produtos nesses mercados, da dimensão requerida para alcançar economias de escala, da quantidade e capacidade dos recursos da empresa, da dimensão e natureza dos produtos, do nível tecnológico e da própria intensidade de investimento requerido.

A partir destas modalidades facilmente se conseguem detetar custos e riscos inerentes a um processo desta natureza, ainda que antes de se equacionar custos e riscos se deva ter clara também a perceção sobre os benefícios que podem ser gerados através da procura de novos recursos, mercados, eficiência e ativos, podendo estes estar relacionados com o aproveitamento das competências centrais nos fatores críticos de sucesso de um negócio em mercados externos semelhantes aos internos, que permita às empresas alcançarem uma forte competitividade internacional, com as economias de localização que se possam obter (pois se os benefícios da localização das atividades comerciais ou produtivas no estrangeiro forem superiores aos seus custos e riscos, é preferível enveredar pelo investimento direto ou projetos em detrimento das transações) e com aspetos relacionados com um maior volume de produção e de vendas que possibilite não só a repartição dos custos totais, como também avanços na curva de experiência, reduzindo assim os custos unitários.

Em suma, a existência de longo prazo de empresas globais depende sempre de fatores de controlo sobre ativos e vantagens e da capacidade destas em gerir uma rede internacional ativa e segurá-la por longos períodos de tempo. Mas isto acima de tudo requer também uma equipa qualificada e a capacidade em reter um conjunto de competências-chave ao longo dos tempos, superando assim o efeito de *Penrose* e tarefas traduzidas pelos fatores extensão, crescimento e diversificação. Mas para que isto possa ser absorvido, a gestão global aqui descrita requer aprendizagem, custos de formação avultados e aculturação, fatores que só podem ser conseguidos a partir de equipas de gestão multinacionais.

3.2. O Processo de Internacionalização Segundo as Perspetivas Económica e Comportamental

O processo de internacionalização das diferentes teorias clássicas que o constituem pode ser subdividido em duas diferentes perspetivas: a económica e a comportamental. A teoria económica encontra-se ligada ao poder de mercado, ciclo do produto, internalização e paradigma eclético. A teoria comportamental por sua vez encontra-se refletida nas visões das escolas de Uppsala e nórdica.

As teorias que abordam a vertente económica ficam desta forma refletidas sobre uma leitura racional abordando o fenómeno da internacionalização a partir de quatro vertentes de análise: o poder de mercado, o ciclo do produto, a vertente da internalização e o paradigma eclético.

A teoria do poder de mercado, desenvolvida por Hymer, pressupõe que a partir do momento em que as empresas que atuam no mercado doméstico crescem e ganham poder e maiores lucros, partem à procura dos denominados mercados externos, por forma a reforçar posições, utilizando um conjunto de vantagens competitivas de que são possuidoras. Embora Hymer pressuponha que existam barreiras a enfrentar, nomeadamente relacionadas com custos fixos elevados, segundo o autor, a forma mais apropriada de internacionalização será sempre pela via do investimento direto, como forma de aumentar poder e obter um maior nível de controlo.

Como forma de ir eliminando a concorrência em países estrangeiros, Vernon (1966) desenvolve também por essa altura a sua teoria, à qual denominou de ciclo do produto. Segundo o autor, a proposta passa basicamente por levar a cabo duas condutas distintas, inovar nos mercados domésticos e produzir produtos «maduros» em países em desenvolvimento, podendo desta forma as empresas aproveitar os benefícios resultantes desta conduta para alcançar maiores retornos através das economias de custo.

Backley e Casson (1976) propõem ainda neste enquadramento uma terceira teoria. Segundo os autores, é defendida a ideia de que as empresas internalizam mercados quando os seus custos de transação são inferiores aos custos desse mercado. Ou seja, caso os custos não sejam menores, as empresas podem realizar alianças para os dividir, o que defende um padrão de crescimento que se iniciará pela exportação, avançará para o licenciamento quando o tamanho do mercado começa a crescer, e se finaliza com a adoção de investimentos diretos. Neste caso, os autores atribuem à estrutura de custos e ao padrão de crescimento do mercado as escolhas relativamente às formas de atuação nesses mesmos mercados.

Doze anos mais tarde, após o desenvolvimento da teoria da internalização, Dunning (1988) desenvolve aquela que ficaria conhecida como a quarta teoria económica, a teoria do paradigma eclético. Segundo o autor, as empresas só poderão ter sucesso nos mercados estrangeiros quando são possuidoras de vantagens competitivas de propriedade (i.e., um ativo específico), de localização (atrativa e com menores custos) e de internalização, o que reúne a combinação entre as teorias de mercado e de internalização.

Assim, se as teorias económicas refletem processos essencialmente racionais que visam aumentar o retorno económico, as teorias comportamentais vêm refletir a importância da vertente das atitudes, perceções e comportamentos de tomada de decisão, onde o enfoque em fatores apenas económicos não intervém.

A escola de Uppsala, na linha das teorias de internacionalização com enfoque comportamental, vem assim abordar este paradigma segundo uma abordagem refletida sobre três questões de base: a distância psíquica, a internalização incremental e as *networks*.

Ou seja, a internacionalização ocorre de forma gradual segundo quatro estágios: ausência de atividade de exportação, início da exportação por meio de agentes, estabelecimento de uma subsidiária no exterior para venda e, por fim, constituição de uma subsidiária para produção. Este carácter gradual e incremental de internacionalização está associado à distância psíquica, ou seja, às diferenças culturais, linguísticas e às próprias práticas de negócio que causam incertezas e fazem com que as empresas se internacionalizem aos poucos.

Na linha evolutiva da escola de Uppsala, mais precisamente a partir de 2003, dá-se também a existência de redes de trabalho nesta conjuntura, considerando que as empresas devem ser vistas como inseridas em redes de trabalho e relacionamentos que influenciam a continuidade do processo de internacionalização, quer sejam estas planeadas ou não.

O papel do empreendedor no processo de internacionalização é traduzido desta forma pela escola nórdica – a segunda escola comportamental. O papel fundamental do empreendedor fica desde logo ligado à escola nórdica, que desempenha um papel fundamental no processo, pois depende dele a iniciativa de descoberta de novos mercados em locais que possam gerar vantagens competitivas para o contexto organizacional.

De facto, muitos têm sido os estudos levados a cabo por diversos autores que investigam o fenómeno da internacionalização, realizados fundamentalmente a partir da década de 1990. Estes mesmos estudos empíricos têm sido muitas vezes traduzidos em críticas aos modelos aqui apresentados, sobretudo face à realidade atual que difere em muito do cenário dos anos de 1970 e 1980, ocorrendo hoje em dia importantes movimentos de fusões e aquisições que caracterizam um mundo cada vez mais globalizado, o que resulta na maioria das vezes em dificuldades extra para as empresas de pequeno porte quando se pretendem internacionalizar.

O processo de internacionalização caracteriza-se por isso pelo alto grau de complexidade, variabilidade e heterogeneidade, que, nesta perspetiva, exigem uma abordagem holística e longitudinal baseada em rigorosas análises face aos objetivos organizacionais de cada empresa, por forma a que se consiga encontrar o desenho mais adequado no processo de internacionalização das suas operações, destacando-se aqui a importância das competências e capacidades que as empresas necessitam de obter para o seu sucesso em mercados internos e fundamentalmente externos.

Algo inquestionável é que o fenómeno da internacionalização é um dos maiores desafios para as empresas dos novos tempos, fundamentalmente as que se encontrem limitadas em termos de recursos, pelo que continua a ser uma área de pesquisa muito importante e essencial, especialmente no que diz respeito ao papel a ter e à utilização a dar pelas empresas relativamente à questão das alianças estratégicas, tratando-se de um fator cada vez mais popular nos diferentes estágios dos processos de internacionalização.

3.3. Teoria das Redes e a Renovação da Teoria de Internacionalização de Uppsala

A crescente globalização económica e financeira e o processo de inovação tecnológica criaram novos desafios e oportunidades às empresas fora dos seus mercados domésticos, levando a que surgissem novos modelos de explicação do processo de internacionalização. Entre estes novos modelos conta-se o chamado «modelo das redes», onde se defende que nem sempre as empresas dispõem de todos os recursos necessários para efetuar o seu processo de internacionalização, existindo neste caso a possibilidade de estabelecerem relações de complementaridade e de cooperação com outros atores do mercado ou integrar uma «rede de negócios». Este conceito de «redes de negócios» assenta no estabelecimento de relações duradouras e não hierárquicas, onde a confiança tem um papel determinante, dando-se particular destaque às relações diretas e indiretas de interdependência que a empresa vai manter, de uma forma dinâmica e pouco estruturada, com um conjunto de atores – clientes, fornecedores, distribuidores, concorrentes, Estado e outras entidades.

De acordo com a teoria das redes, o processo de internacionalização da empresa está dependente da organização das diferentes relações existentes ao nível da rede e da posição que a empresa ocupa nessa rede e é menos condicionado pelas vantagens específicas e diferenciadores da empresa.

Podemos assim afirmar que a posição ocupada por uma empresa numa determinada rede tem influência determinante nas suas oportunidades, constrangimentos e estratégias de atuação, para além de que, à medida que a empresa se internacionaliza, aumenta também o número e a densidade das relações entre os diversos atores de uma determinada rede de negócios. A internacionalização é entendida como um processo cumulativo onde a empresa, de forma continuada, estabelece, mantém, desenvolve ou quebra relações com outros atores (clientes, fornecedores, distribuidores, concorrentes e entidades públicas), numa fase inicial, no mercado doméstico e, posteriormente, em mercados externos.

Importa realçar que este processo ocorre de diferentes formas: (a) através do estabelecimento de relações com contrapartes em países totalmente novos para a empresa (expansão internacional); (b) aumentando o seu envolvimento em redes internacionais onde a empresa já detém posições (penetração internacional); (c) e integrando e coordenando a sua posição nas referidas redes já presentes em vários países (integração internacional). Assim, se as relações entre empresas são consideradas como uma rede, pode-se argumentar que as empresas se internacionalizam porque outras empresas na sua rede (inter)nacional também o estão a fazer. Nesta perspetiva, a internacionalização ocorre mais como uma consequência de uma decisão tomada pela rede no seu todo do que propriamente por uma decisão específica de uma determinada empresa dentro dessa rede. Pode-se, por isso, afirmar que o sucesso de uma empresa no seu processo de expansão para mercados externos estará mais dependente das relações que conseguir estabelecer, em termos domésticos e internacionais, com os diferentes atores da sua rede do que com as características especificas dos mercados-alvo da sua atuação.

O modelo de redes internacionais é assim constituído por quatro categorias de empresas internacionais, de acordo com o grau de internacionalização da rede de produção (mercado) e com o grau de internacionalização da própria empresa, dando lugar a uma matriz onde são apresentadas as referidas quatro categorias de empresas (Tabela 6).

Tabela 6: Modelo das redes internacionais (grau de internacionalização da empresa/grau de internacionalização do mercado)

<table>
<tr><th colspan="2" rowspan="2"></th><th colspan="2">Grau de Internacionalização do Mercado (Rede de Produção)</th></tr>
<tr><th>Baixo</th><th>Alto</th></tr>
<tr><td rowspan="2">Grau de Internacionalização da Empresa</td><td>Baixo</td><td>Empresa «Pioneira»</td><td>Empresa «Retardatária»</td></tr>
<tr><td>Alto</td><td>Empresa «Solitária Internacional»</td><td>Empresa «Internacional Experiente»</td></tr>
</table>

Fonte: Elaboração dos Autores

A primeira categoria é a «empresa pioneira», que tem um relacionamento internacional reduzido, à semelhança do que também se verifica com os seus clientes e fornecedores que integram a sua rede nacional. Por isso, esta empresa tem pouco conhecimento dos mercados internacionais e poucas possibilidades de reforçar esse conhecimento com as suas relações no mercado doméstico. Para internacionalizar as suas atividades e estabelecer posições em redes de outros países a empresa deverá dispor de recursos para adquirir o necessário conhecimento de mercado e para proceder aos ajustamentos, quantitativos e qualitativos, decorrentes da intervenção em mercados internacionais. Os agentes são o meio utilizado pela empresa para adquirir conhecimento e entrar em mercados internacionais, minimizando desse modo a incerteza e os respetivos custos de entrada nesses mercados. Esta categoria utiliza um modelo de desenvolvimento gradualista e sequencial, minimizando o risco através da aquisição de experiência e da acumulação de conhecimento.

Na segunda categoria, «empresa solitária internacional», a empresa está bastante internacionalizada, detendo posições em várias redes e possuindo diversos relacionamentos em mercados internacionais. A experiência e os conhecimentos desta empresa sobre mercados externos permitem-lhe, *per si*, estimular e promover a internacionalização do mercado (rede de produção) e realizar investimentos que implicam maiores níveis de compromisso, o que poderá, em algumas ocasiões, conduzir a uma situação de forte internacionalização da empresa e de baixos níveis de internacionalização da sua rede. De acordo com a posição ocupada, esta empresa pode também adquirir empresas da rede ou estabelecer alianças com outros membros da rede (clientes, fornecedores e até mesmo concorrentes), para além de poder controlar movimentos de internacionalização por parte dos seus concorrentes.

A terceira categoria, «empresa retardatária», observa-se quando todos os elementos da rede com as quais a empresa tem relações já operam numa base internacional, enquanto ela própria se encontra pouco internacionalizada e mantém relações indiretas com redes estrangeiras de clientes, fornecedores e concorrentes que, todavia, poderão vir a impulsionar a sua entrada em mercados externos. Possuindo este tipo de relacionamentos, a entrada da «empresa retardatária» em mercados com reduzida «distância psicológica» pode vir a revelar-se desvantajosa, pois os seus concorrentes podem já ter mais conhecimento e experiência desses mercados, para além de constituir um objetivo difícil a entrada de um novo ator numa rede já existente. Por isso, a empresa deverá internacionalizar-se, principalmente, para os países onde a sua rede já está presente.

Na última categoria, «empresa internacional experiente», a empresa e o ambiente de negócios estão bastante internacionalizados. Neste caso, a posição internacional da empresa está profundamente condicionada pelos outros membros da rede, sendo necessário a coordenação das suas atividades pois a empresa opera em mercados globais transferindo, muitas vezes, recursos entre várias unidades instaladas em diferentes países. Este tipo de empresa integra várias redes internacionais e tem relações consolidadas com atores dessas redes, o que abre oportunidades de negócios em diferentes mercados e também possibilidades de externalização de algumas atividades. Esta categoria de empresa tem um padrão de expansão internacional bastante rápido e acelerado, podendo, em determinadas circunstâncias, também se enquadrar no modelo de empreendedorismo internacional que iremos tratar nos capítulos seguintes.

Um outro aspeto relevante deste modelo tem que ver com o facto de as empresas selecionarem os seus mercados de internacionalização de acordo com uma perspetiva relacional. Ou seja, mais do que selecionar um determinado mercado de internacionalização, a empresa vai escolher os parceiros adequados dentro da sua rede, que por sua vez a levarão a optar por um certo mercado, em função das oportunidades de negócios existentes. Neste sentido, a decisão de internacionalização não se baseia na escolha de um mercado de destino, mas sim na seleção do parceiro mais adequado para a realização de negócios em mercados externos, verificando-se também que a principal fonte de informação sobre estes mercados é a própria rede onde a empresa se encontra inserida. Esta estratégia de desenvolvimento de redes de colaboração no exterior vai permitir a muitas empresas, sobretudo as pequenas e as médias, ultrapassarem algumas limitações decorrentes da fragilidade de alguns dos seus recursos internos (financeiros, humanos, tecnológicos) e, desse modo, expandirem as suas atividades internacionais.

No âmbito deste modelo, o processo de internacionalização pressupõe a entrada em diferentes mercados, cada um dos quais com uma rede de relações e atores distintos, podendo-se, no entanto, estabelecer alguma diferenciação entre os chamados «mercados desenvolvidos» e os «mercados emergentes». Nos «mercados desenvolvidos» as relações entre os atores já estão, há algum tempo, estabelecidas e são duradouras, o que dificulta a entrada de novas empresas em algumas redes, mesmo naquelas que não integram empresas concorrentes. Já nos «mercados emergentes» poderão existir maiores oportunidades de negócios, mas devido às dificuldades de recolha de informações e de conhecimento sobre estes mercados é mais difícil escolher os parceiros ou as redes mais adequadas.

Em relação a este modelo de redes, apresentamos, no entanto, as principais fraquezas e também os fatores que mais influenciam o modelo, a saber:

1. Os critérios utilizados para diferenciar cada categoria de empresa na matriz da tabela 5 não são distintivos e podem-se sobrepor. Por exemplo, alguns critérios

utilizados na caracterização da «empresa pioneira» podem também ser utilizados para a «empresa internacional experiente».

2. O modelo não discute a relevância do decisor e a forma como a empresa faz o aproveitamento das oportunidades que surgem no âmbito da rede para a sua penetração, extensão e integração internacional. Importa ainda sublinhar a importância que o decisor poderá ter na liderança e condução do processo de internacionalização.
3. A forma como as empresas ultrapassam os problemas decorrentes da sua reduzida experiência internacional, no âmbito das relações que estabelecem na sua rede, também não é devidamente explicada neste modelo. Ainda, a integração de uma empresa em determinada rede pode facilitar, mas também pode inibir o seu processo de internacionalização.
4. Não são tidos em conta um conjunto de fatores externos que podem impulsionar a internacionalização da empresa, como são os casos de algumas variáveis não controladas (por exemplo, uma encomenda não esperada), mas também de outros determinantes como a intensidade da concorrência no mercado doméstico ou os sistemas de incentivos públicos à internacionalização.
5. A forma como as empresas se movimentam e mudam de posições na matriz carece de mais explicações.
6. Para além dos relacionamentos que se desenvolvem organicamente em determinada rede, a proposta deste modelo não considera as relações que se estabelecem com diversas associações formais exteriores a determinada rede (associações empresariais, *clusters*, entre outras), mas que podem ter um papel relevante

no desenvolvimento de estratégias empresariais de expansão, penetração e integração internacional.

7. E, por último, pode ainda apontar-se o facto de existirem, para além da rede de produção, outras dimensões, como os clientes ou entidades públicas, que têm um papel determinante no processo de internacionalização.

Apesar de todas estas considerações, não se pode deixar de considerar que o modelo da Teoria das Redes constitui um elemento dinâmico no estudo da internacionalização, oferecendo uma explicação sobre quatro diferentes formas de internacionalização das empresas e de como as características da empresa e do mercado influenciam esse processo e, podendo até impulsioná-lo, no contexto dos relacionamentos ao nível da rede. O modelo fornece desta forma uma «entrada» conceptual para o trabalho sobre o mecanismo de internacionalização, que defende que a internacionalização deve ser perspetivada enquanto processo de desenvolvimento de uma rede multilateral

Recentemente, efetuou-se, no entanto, uma atualização deste modelo de internacionalização por etapas, incorporando algumas das propostas e conceitos da teoria de marketing industrial e da teoria das redes indus que dão especial atenção ao estudo de sistemas nãoárquicos e, particularmente, à integração de empresas em redes internacionais.

Nesta medida, considera-se que o relacionamento entre duas empresas pode iniciar-se na sequência de um evento ocasional e não planeado, mas também pode ser consequência de um processo sistemático de procura de um parceiro, por exemplo um fornecedor, por parte de determinada empresa. Um primeiro negócio com sucesso pode também potenciar a relação entre duas empresas e a integração em determinada rede, sendo previsível que esta relação se desenvolva e aprofunde à medida que for mutuamente vantajosa para as partes envolvidas.

Considera-se, por isso, que cada empresa está envolvida numa determinada rede que integra diversas entidades – clientes, fornecedores, concorrentes, distribuidores, agentes, consultores, reguladores e outras entidades públicas (alguns sectores industriais podem também ser perspetivados como redes de relações industriais com diferentes atores).

O sucesso de uma empresa está dependente da sua integração numa rede ou em várias redes, considerando-se um *insider* quando a empresa está perfeitamente integrada nessa rede. Assim, é em larga medida no contexto destas relações que é realizado o processo de aprendizagem e de crescente compromisso das empresas com o processo de internacionalização.

A empresa é designada por *outsider* quando não ocupa uma posição relevante em determinada rede. Esta situação pode impedir a empresa de desenvolver os seus negócios e, consequentemente, de iniciar o seu processo de internacionalização. No entanto, essa situação pode vir a alterar-se no contexto de um pedido ou de uma interação realizada por um parceiro com uma posição de *insider* num determinado mercado.

Esta perspetiva implica que todos os atores numa rede sejam mais ou menos ativos e o estabelecimento de novas relações, ou o desenvolvimento de relações antigas, é o resultado da interação entre as diferentes partes.

A extensão da teoria de internacionalização de Uppsala com a integração da perspetiva de rede vai implicar que alguns dos conceitos originais como «compromisso», «conhecimento», «atividades correntes» e «decisões de compromisso» passem de uma dimensão unilateral para uma dimensão multilateral, ao mesmo tempo que o processo passa a ser também inter-organizacional e não apenas intra-organizacional.

Neste modelo de redes, as empresas envolvidas no processo de internacionalização começam por se envolver numa rede existente no mercado doméstico, passando depois a desenvolver relações empresariais em outras redes localizadas em mercados internacionais. A existência de uma relação numa determinada rede pode ser utilizada como ponte para outras redes e, em alguns casos, pode até forçar a empresa a entrar em outras redes. Sobre as características deste processo chama-se, no entanto, a atenção para a complexidade da aprendizagem e para a construção da posição das empresas quando entram numa rede localizada no estrangeiro.

Entenda-se redes como um conjunto de relações empresariais interligadas, em que cada ação de intercâmbio é realizada entre empresas, conceptualizadas como atores coletivos. A construção destas relações implica tempo e recursos e cada membro dessa rede toma conhecimento, de uma forma gradual, das necessidades, valências, estratégias e contextos de negócios dos diversos parceiros, o que requer um forte compromisso no desenvolvimento dessa relação. Consequentemente, os diversos parceiros e, numa perspetiva mais alargada, toda a rede devem ter em conta as posições e os interesses individuais quando decidem tomar decisões ao nível dessa mesma rede.

Distinguem-se quatro tipos de relações de aprendizagem ao nível da rede. O primeiro tipo de relação de aprendizagem concretiza-se quando as empresas realizam negócios numa base de cliente-fornecedor e conseguem perceber as características dos seus parceiros e a forma como estes reagem a determinadas situações, bem como o modo como realizam e coordenam as suas atividades. O segundo verifica-se quando da parceria entre duas empresas surge um conhecimento sobre a existência de determinadas competências que podem ser transferidas e utilizadas em outras relações, em outras redes (por exemplo, clientes com características similares). O terceiro observa-se quando se realizam interações numa relação e as empresas envolvidas aprendem a como coordenar atividades no contexto de um outro relacionamento (por exemplo, esta coordenação pode referir-se a várias relações com fornecedores com o objetivo de cumprirem requisitos de entregas *just in time*). E o quarto tipo surge como consequência dos resultados dos três tipos de aprendizagem anteriormente mencionados, com as empresas a aprenderem a criar novas redes de negócios e a estabelecerem relações entre essas novas redes.

O processo de expansão internacional de uma empresa surge como resultado do desenvolvimento das atuais relações da empresa, do estabelecimento de relações com novos clientes ou fornecedores (com características similares e com os quais têm relações bem-sucedidas) ou ainda como consequência da expansão de relações com clientes que já têm relações com outros clientes da empresa. Neste contexto, as atividades das empresas em mercados internacionais não seguem a chamada «cadeia de estabelecimento», mas antes tentam acompanhar, desenvolver e reagir a relacionamentos estratégicos e a movimentos das redes onde estão integradas. Por outro lado, as empresas só percebem a forma de estruturação e de funcionamento de determinada rede se começarem a interagir com ela e com alguns dos seus principais atores. Isto significa que as redes em mercados internacionais não poderão ser compreendidas por empresas *outsiders*, mesmo que estas tenham conhecimento da existência dessas redes. Ou seja, cada empresa apenas conhece o contexto específico de funcionamento da sua rede, tendo ideias gerais sobre o perfil de outras redes.

A integração das empresas em outras redes em mercados internacionais é um processo de descoberta do desconhecido, onde existem várias possibilidades de entrada e de expansão de negócios nesses mercados e em que a empresa passa a ter acesso à chamada «rede de conhecimento do mercado». Neste sentido, e ligado ao nível de compromisso e de envolvimento da empresa com a sua rede em determinado mercado, a empresa vai ter capacidade de desenvolver novas oportunidades, envolvendo outras empresas nessa rede com diferentes capacidades e necessidades. A posição da empresa na rede e a sua capacidade de identificação e desenvolvimento de oportunidades nessa rede vão ter um considerável impacto nas opções de expansão internacional da empresa, no que se refere à escolha de mercados de internacionalização e ao modo de entrada nesses mercados.

Podemos, no entanto, afirmar que algumas das limitações relevantes das teorias das redes passam pela circunstância de não considerarem, em termos gerais, as relações hierárquicas existentes entre os vários atores da rede e de não identificarem outros fatores que influenciam a internacionalização para além das relações que se estabelecem nas próprias redes. Também se pode assinalar as dificuldades, com base nos modelos de redes, em tirar conclusões objetivas sobre os processos de internacionalização de empresas individuais, pois a internacionalização está dependente dos recursos, experiência e atividades da empresa e dos outros atores da rede e também das interpretações subjetivas que os diversos atores fazem em relação à importância e aos benefícios de integrarem determinada rede.

Por essa razão, em 2009, o modelo de base da teoria das redes foi reformulado. Nesta nova reformulação do modelo, a empresa está inserida numa rede (ou em várias redes) que permite, mas também pode condicionar, o desenvolvimento das suas relações. Nessa rede a empresa tem acesso a um conjunto de recursos disponibilizados pelos seus parceiros, ao mesmo tempo que estes parceiros também pretendem aceder aos recursos da empresa, existindo, por isso, uma relação de mútua dependência entre a empresa e os seus parceiros. Esta relação deverá ser benéfica para todos os intervenientes, pois, caso não seja, estes irão procurar integrar outras redes empresariais.

Tal como se observou no modelo inicial, o modelo de redes empresariais que fora reformulado está também consubstanciado em dois tipos de variáveis: as «variáveis estáticas» e as «variáveis dinâmicas», onde cada variável se afeta mutuamente. Trata-se de um modelo dinâmico caracterizado por um processo de crescente agregação de aprendizagens, de confiança e construção de compromissos entre os diferentes atores que o integram.

Em relação à primeira variável estática, «conhecimento de oportunidades», acrescentou-se o termo «oportunidades» à variável «conhecimento» existente no modelo inicial. Com esta alteração pretende-se sublinhar que na área do conhecimento as «oportunidades» constituem o principal elemento impulsionador do processo de internacionalização da rede empresarial. Outros elementos relevantes na área do conhecimento incluem as necessidades, capacidades e as estratégias e redes, direta ou indiretamente, relacionadas com as empresas nos seus contextos institucionais. Pode então concluir-se que, quanto mais as empresas se conhecem entre si numa determinada rede, mais próxima será a sua relação (Fig. nº 10).

Fig. nº 10: Modelo de internacionalização da rede empresarial

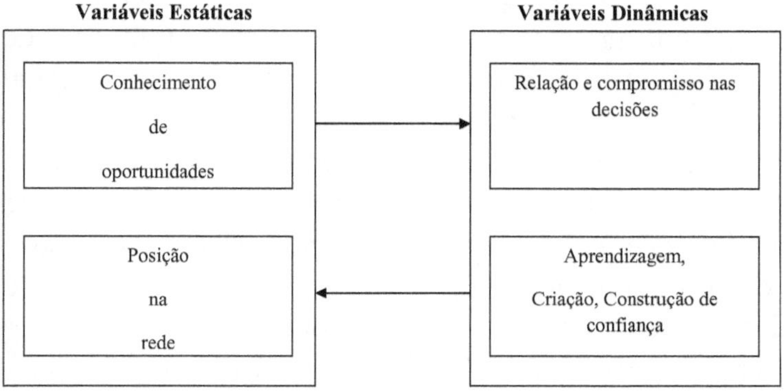

Fonte: Elaboração dos Autores

A segunda variável estática é designada por «posição na rede», que no modelo desenvolvido na década de 1970 era identificada como «compromisso com o mercado». Neste novo modelo, defende-se que o processo de internacionalização é realizado no âmbito de uma rede, com as relações a serem caracterizadas por níveis próprios e específicos de conhecimento, de confiança e de compromisso que podem ser distribuídos de forma desigual pelas partes envolvidas e que, por isso, também podem apresentar diferenças nas características dos respetivos processos de internacionalização.

Em relação às variáveis dinâmicas, substitui-se no modelo anterior a variável «atividades correntes» pela variável «aprendizagem, criação e construção de confiança». Enquanto o conceito de «atividades correntes» destacava o papel das atividades diárias no aumento dos níveis de aprendizagem, confiança e compromisso, o novo conceito de «aprendizagem, criação e construção de confiança» tem um nível de abstração superior e, mesmo que continuando a destacar a importância da aprendizagem empírica, pretende chamar a atenção para as suas dimensões criativa, dinâmica e capacidade de geração de oportunidades, dando particular atenção ao estudo das relações que se estabelecem entre os processos de aprendizagem, ao nível da criação de oportunidades e de construção de confiança, utilizando os conceitos de «capital intelectual» e de «capital social».

A outra «variável dinâmica» designa-se por «relação e compromisso nas decisões». Também aqui a alteração ao modelo original acrescenta o termo «relação» à variável «decisões de maior compromisso», pretendendo com isso destacar a importância do «compromisso» com as relações ou com as redes de relações. Uma mudança no nível de «compromisso» pode levar a um reforço ou a uma fragilidade da relação existente entre os vários atores numa determinada rede. O «compromisso» com uma determinada relação pode permitir o desenvolvimento de novas relações, que em muitos casos passam pela concretização de novos negócios, a construção de ligações para novas redes ou a garantia de sustentabilidade e de proteção das relações estratégicas numa determinada rede.

As alterações verificadas no seu modelo original desenvolvido na década de 1970 têm consequências na forma de perspetivar o processo de internacionalização. Em primeiro lugar, a internacionalização depende das relações da empresa e da sua rede. A empresa fará a sua expansão internacional com base nas suas relações com diversos parceiros, localizados no mercado doméstico ou no estrangeiro, ou poderá também seguir e acompanhar para o estrangeiro um parceiro que disponha de uma boa rede num determinado mercado ou em vários mercados externos (em ambas as situações, é indispensável que haja confiança mútua e compromisso em relação aos objetivos que se pretendem atingir).

Em segundo lugar, para os casos em que a empresa não dispõe de parceiros com boas relações ou redes no exterior, a empresa irá expandir a sua atividade internacional para onde for mais fácil estabelecer relacionamentos com empresas já presentes em determinados mercados.

Em terceiro lugar, uma curta distância psicológica irá facilitar o estabelecimento e o desenvolvimento de relações, o que constitui uma condição necessária, mas insuficiente para a identificação e exploração de oportunidades. Ou seja, o conceito de «distância psicológica» já não tem um papel determinante, como tinha no modelo inicial de 1977, na explicação do processo de internacionalização da empresa. Pode mesmo referir-se que a correlação entre a ordem de entrada de uma empresa em mercados externos e a distância psicológica é fraca e acrescenta-se que, em alguns casos, a distância para e entre «blocos culturais» pode ter mais relevância.

Em quarto lugar, e contrariamente a uma posição inicial de que este modelo se aplicava mais a pequenas e médias empresas, investigações posteriores vieram a revelar que o modelo pode ser igualmente aplicado a grandes empresas.

Conclui-se que o posicionamento da empresa em mercados internacionais, quer no respeitante às oportunidades de negócios, quer no que se refere aos problemas e dificuldades de penetração nesses mercados, é um assunto cada vez mais dependente do perfil das relações que a empresa consegue estabelecer e das especificidades da sua rede, e menos dependente das características dos mercados. Podendo mesmo referir-se que os mercados são redes de relações nas quais as empresas estão ligadas umas às outras através de vários, complexos e, até certo modo, invisíveis padrões. Daí que estar integrado («interioridade») numa rede relevante é necessário para uma internacionalização com sucesso. Por outras palavras, enquanto o modelo de 1977 assume implicitamente que a «desvantagem de ser estrangeiro» constituía o principal obstáculo à entrada e expansão das empresas em mercados externos, na versão de 2009 a desvantagem de ser «estranho à rede» representa o principal obstáculo quando a empresa decide entrar em novas redes de relações no exterior.

Em síntese, a expansão internacional de uma empresa é fundamentalmente condicionada pelos movimentos existentes na rede que a empresa integra e pela necessidade de a empresa integrar novas redes. As decisões de investimento no estrangeiro já não estão tanto condicionadas pela chamada «distância psicológica», mas mais pela necessidade de a empresa acompanhar o desenvolvimento internacional da rede onde está inserida. Assim, se os clientes ou fornecedores de determinada empresa se instalarem num determinado mercado, esta vai ter tendência para seguir os seus parceiros nesse mercado. Do mesmo modo, se a empresa pretender instalar-se num determinado mercado, irá apoiar-se na sua rede para entrar nesse mercado. A rede é por isso a fonte de confiança para a empresa, o que lhe vai permitir atenuar a incerteza e os riscos do seu desenvolvimento internacional.

Numa análise cronológica à evolução deste modelo, importa referir a revisão realizada por Schweizer e seus pares, acrescentando duas novas variáveis: a «capacidade empreendedora», enquanto variável fixa, e a «exploração de contingências», como variável dinâmica. Neste modelo as variáveis estáticas influenciam as variáveis dinâmicas e vice-versa, constituindo um modelo dinâmico, não-linear e ligado às redes, tal como o ambiente de negócios das empresas.

De acordo com Schweizer *et al.* (2010), as empresas vão trocando informações entre si, o que constitui a base para uma aprendizagem empírica e mútua dos membros da rede e que vai permitir a formação de compromissos, a criação de confiança e uma gestão conjunta mais equilibrada das expectativas. Neste processo assume agora particular destaque a variável «capacidade empreendedora», que está relacionada com a capacidade do empreendedor/empresário em construir e manter a sua rede de relações e em utilizar as contingências destas relações, estabelecidas ao nível das redes, para criar conhecimento e oportunidades de negócios. Quanto às variáveis dinâmicas «aprendizagem, criação, construção de confiança» e «exploração de contingências» que se inscrevem num contexto em que a empresa desenvolve uma posição dinâmica, não linear e muito interligadas com as suas redes, estão bastante dependentes das «variáveis estáticas» e condicionam as relações da empresa, a posição da empresa na rede e o seu grau de internacionalização (Fig. nº 11).

Fig. nº 11: Modelo de internacionalização como um processo empreendedor

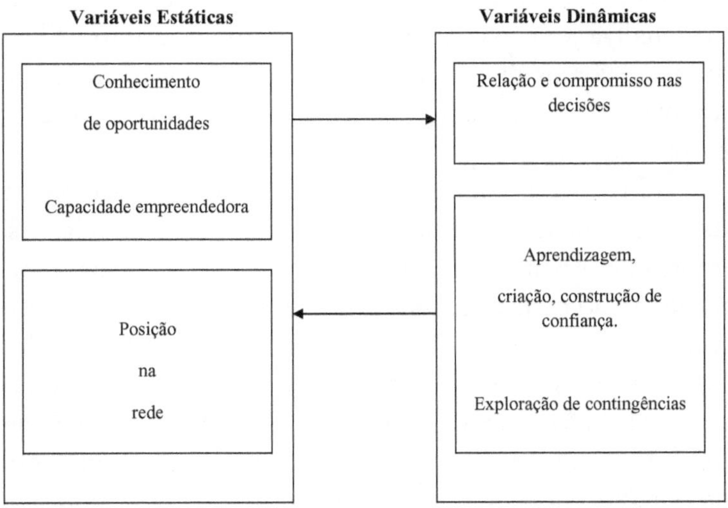

Fonte: Schweizer *et al.* (2010)

Schweizer *et al.* (2010) reconhecem a relevância dos aspetos ligados ao empreendedorismo no processo de internacionalização das empresas e referem que esses aspetos ou características estão mais presentes em países pequenos e em indústrias de tecnologia avançada integradas em redes internacionais. Por outro lado, salientam também que os empreendedores geralmente atuam através de um «processo de efetuação», ou seja, os empreendedores tentam exercer o controlo com base nos recursos que têm disponíveis em vez de exercerem esse controlo de acordo com previsões de futuro. Esta forma de atuação corresponde melhor à visão do processo de internacionalização como um processo tentativo e com diversas situações de incerteza, onde o empreendedor, através das suas ações, tenta melhorar a posição da empresa numa determinada rede ou entrar numa nova rede (uma diligência que pode levar ou não à sua internacionalização). Este modelo confirma muitas das propostas dos modelos de base e contribui para a transição da perceção da internacionalização não como resultado de um conjunto deliberado de esforços visando a expansão internacional, mas como um produto de outras ações, aqui consideradas como ações empreendedoras.

Dado o papel relevante da experiência internacional e do conhecimento no estabelecimento de redes de relações, importa também realçar a influência da experiência internacional, do conhecimento e das redes no valor intrínseco das relações empresariais que se estabelecem em mercados internacionais, pois a experiência internacional e três diferentes tipos de conhecimento da rede (conhecimento experiencial da rede, conhecimento dos clientes e conhecimento dos concorrentes) influenciam o valor das redes da empresa em determinado mercado e têm uma forte implicação na expansão da rede nesse mesmo mercado. Relacionada com este facto, importa referir que a experiência internacional tem um impacto direto no conhecimento percetível existente sobre os clientes, o mesmo não se constatando em relação ao conhecimento percetível existente sobre os concorrentes.

Desta reflexão é possível derivar a seguinte proposição:

P – As relações das empresas e das redes onde estão integradas têm um papel muito preponderante nas estratégias de internacionalização das empresas.

3.4. Teoria do Empreendedorismo Internacional

Diversos estudos mostram que as empresas não seguem um modo sequencial e gradual de entrada nos mercados internacionais, estando ativas nestes mercados praticamente desde a sua constituição. Outros apontaram algumas limitações existentes ao nível do modelo de internacionalização de Uppsala, ligadas particularmente ao seu carácter demasiado determinístico.

Neste contexto, as empresas que estão presentes desde a sua criação nos mercados internacionais podem ser designadas por «multinacionais infantis», «nascidas globais», «empresas iniciantes de alta tecnologia», «novos empreendimentos internacionais» ou «internacionais instantâneas».

O fenómeno das nascidas globais representa um novo e importante desafio para a tradicional teoria da internacionalização, sendo que alguns estudiosos desta área referem que a teoria de internacionalização por etapas falhou em fornecer uma explicação apropriada sobre porque é que as novas empresas internacionais competem internacionalmente em vez de apenas o fazerem no mercado doméstico. Podem, por isso, apontar-se um conjunto de fatores que contribuíram para o aparecimento das empresas «nascidas globais»:

a) A emergência, em termos mundiais, de um conjunto de «nichos de mercado» e o aumento da procura de produtos e serviços cada vez mais especializados.
b) O rápido desenvolvimento de processos tecnológicos que vão permitir às empresas o seu envolvimento em atividades de pequena escala bastante lucrativas.

c) Os avanços verificados nas tecnologias de informação e de comunicação e nos transportes e logística que levaram à redução dos custos de transporte e aumentaram os fluxos de comércio e de investimento internacional, permitindo às empresas uma gestão mais eficiente e económica das suas operações internacionais.
d) As vantagens associadas às pequenas empresas em termos de flexibilidade, capacidade de adaptação e tempo de resposta a pedidos de clientes.
e) A internacionalização do conhecimento, o desenvolvimento de redes globais e a expansão de instituições que facilitam a partilha de conhecimento, experiências, transferências de tecnologia e acesso a meios de financiamento.

Para além destes fatores, acrescenta-se ainda os elementos internos à própria empresa e que são decorrentes da anterior experiência e conhecimentos internacionais dos seus proprietários e gestores.

O estudo da problemática relacionada com o aparecimento e desenvolvimento deste tipo de empresas tem sido enquadrado numa área de investigação designada por «empreendedorismo internacional». O termo «empreendedorismo internacional» surgiu pela primeira vez no final da década de 1980, destacando o papel dos recentes avanços tecnológicos e dos conhecimentos culturais na abertura dos mercados internacionais, até aí inexplorados, para a constituição de empresas. Ainda nessa altura, estudos permitiram fazer a comparação entre a intervenção das empresas domésticas e das novas empresas internacionais e o crescente interesse que os rápidos processos de internacionalização das empresas suscitavam na imprensa, criando as condições para um desenvolvimento desta temática. Na década de 1900 foram então apresentados trabalhos de base teórica para o estudo das novas empresas internacionais. Ou seja, o empreendedorismo internacional começou com um interesse nas novas empresas.

O conceito de «nascidas globais» foi pela primeira vez utilizado pela empresa de consultadoria McKinsey & Co. (1993) num estudo realizado para o *The Australian Manufacturing Council*, apesar de, no período anterior a este trabalho, já alguns autores terem analisado e constatado a existência de empresas orientadas, desde a sua criação, para a atividade internacional.

O objetivo da investigação da McKinsey & Co. (1993) passava pela identificação e análise de novas empresas exportadoras entre as pequenas e médias empresas industriais que integravam a referida associação australiana. Não se tratava de estudar novas empresas, mas sim empresas já existentes e que haviam iniciado recentemente a sua atividade exportadora. Estas representavam cerca de 25% das empresas analisadas passando por isso a designar-se como «nascidas globais».

As «nascidas globais» australianas começaram a exportar antes de completarem dois anos de existência, as exportações representavam aproximadamente 20% do seu volume total de negócios e perspetivavam «o mundo como o seu mercado, desde o início, e o mercado doméstico como o suporte para a sua atividade internacional» (McKinsey & Co, 1993: 9). Entre estas empresas existiam algumas do sector das tecnologias de informação e comunicação, mas a maioria delas utilizava tecnologias intermédias. Duas das principais conclusões deste trabalho apontam para o papel de grande relevância dos gestores das empresas no arranque do seu processo de internacionalização, e para a capacidade das empresas em desenvolverem estratégias de produção e de marketing uniformizadas para determinados nichos de mercado globais, em vez de optarem pela comercialização alargada de produtos com características próprias. Em relação a esta investigação da McKinsey & Co. (1993), começou a emergir na Austrália uma nova geração de empresas exportadoras que contribuíram substancialmente para a exportação de capitais do país. A emergência destes exportadores refletiu dois fenómenos fundamentais dos anos 90 – «pequeno é bonito», sendo que a internacionalização gradual morreu.

O debate em termos teóricos e empíricos sobre o tipo de empresas com as características das «nascidas globais» viria a ser marcado pelo desígnio de «novas empresas internacionais», pois nenhuma empresa investigada segue um processo de internacionalização por etapas e de crescente compromisso com a atividade internacional. Pode assim dizer-se que as «novas empresas internacionais» são definidas como uma organização empresarial que, desde a sua criação, procura inferir vantagens competitivas significativas a partir da utilização de recursos e dos resultados de vendas em múltiplos países. A característica distintiva destas «iniciantes» é que as suas origens são internacionais, como demonstrado pelo observável e significativo compromisso de recursos (produtos, pessoas, financiamentos, tempo) em mais do que um país.

Com base nesta definição, na década de 1990 nasce a tipologia de «novas empresas internacionais», criada com base no número de atividades da cadeia de valor que elas coordenam e do número de países onde operam (Fig. nº 12).

Fig. nº 12: Tipologia das «novas empresas internacionais»

Coordenação das atividades da cadeia de valor	**Novos Construtores de Mercados Internacionais**	
Poucas atividades coordenadas através de países (principalmente logísticas)	**«Iniciante» de Importação/Exportação** I	**Comerciante Multinacional** II
Muitas atividades coordenadas através de países	III **«Iniciante» Focalizada Geográficamente**	IV **«Iniciante» Global**

Fonte: Elaboração dos Autores

Os novos construtores de mercados internacionais englobam as empresas «iniciantes de importação/exportação» e as empresas «comerciante multinacional», quadrantes I e II da Fig. nº 12, que tradicionalmente desenvolvem as suas atividades como importadores e como exportadores. De uma forma muito residual, e apenas pontualmente, estes dois tipos de empresas realizam operações de investimento direto estrangeiro e as suas principais vantagens competitivas estão consubstanciadas no conhecimento que possuem das atividades logísticas que são internalizadas ao nível das próprias empresas. Os «novos construtores de mercados internacionais» aproveitam os desequilíbrios e as diferenças entre países, em termos de custos de produção e de preços de mercado, para criarem novos mercados. A sustentabilidade deste tipo de empresas, e das suas próprias vantagens competitivas, está dependente da forma como conseguem identificar e dar resposta antes dos seus concorrentes a oportunidades de negócios emergentes, do conhecimento que possuem dos mercados e dos seus fornecedores e da capacidade de atração e de gestão de uma vasta rede de contactos empresariais detidos pelos seus dirigentes e quadros, em diversos países.

A «iniciante focalizada geograficamente», quadrante III da Fig. nº 12, é um outro tipo de empresa que se caracteriza por possuir vantagens competitivas decorrentes do facto de servir bem um conjunto de clientes que têm um tipo de procura muito especializada numa determinada região do mundo. Ou seja, estas vantagens competitivas surgem devido à capacidade da empresa em saber coordenar múltiplas atividades da cadeia de valor, como o desenvolvimento tecnológico, recursos humanos e produção. A coordenação destas atividades é socialmente complexa e dificilmente imitável, pois envolve um conhecimento específico e é protegida por uma exclusiva e fechada rede de alianças da empresa numa determinada região do mundo.

A empresa «iniciante global», quadrante IV da Fig. nº 12, é a mais radical manifestação da «nova empresa internacional» que beneficia de significativas vantagens competitivas devido à ampla coordenação de múltiplas atividades organizacionais com localizações geograficamente ilimitadas. Estas empresas não só reagem às possibilidades de negócios existentes a uma escala global como também são bastante pró-ativas na procura de recursos e mercados a essa mesma escala. A «iniciante global» é o tipo de «nova empresa internacional» mais difícil de desenvolver, pois obriga à existência de capacidades e de competências que permitam a gestão de atividades em termos geográficos e em termos da cadeia de valor. Conseguindo combinar estas valências, mas também a sua história única e as redes de relações que estabeleceram a uma escala global, as «iniciantes globais» atingem um conjunto de vantagens competitivas sustentadas que vão ser determinantes para a expansão das suas atividades.

Esta tipologia permite-nos clarificar o que significa uma empresa «nascida global» ou uma «nova empresa internacional». Estas empresas controlam ativos, sobretudo um conhecimento único e específico, que permitem criar valor em mais do que um país. O seu processo de internacionalização ocorre desde a sua constituição, e devido às suas limitações de recursos materiais têm um enfoque maior no controlo de ativos, em vez da propriedade dos mesmos. Para as «nascidas globais» o mercado doméstico tem uma reduzida e limitada importância na estratégia global da empresa, pois estas iniciam os seus processos de internacionalização de uma forma rápida. Para os fundadores das «nascidas globais», o mercado é o mundo, não estando também confinadas a um único mercado. Estas empresas têm uma atitude muito positiva em relação aos mercados internacionais, que são percecionados como espaços onde existem oportunidades de negócios, mais do que como espaços associados a riscos e a algumas incertezas (como se observava na teoria de internacionalização por etapas).

Um estudo levado a Cabo na Finlândia, Irlanda e Noruega na década de 1990, sobre pequenas empresas de *software*, considerou que a teoria de internacionalização por etapas não consegue explicar, de forma abrangente, os fatores que contribuem para o processo de expansão internacional destas empresas. A internacionalização das referidas empresas é influenciada pelo acompanhamento de clientes em mercados internacionais e pela circunstância de a empresa pretender atingir determinados nichos de mercado ou dimensões específicas do seu sector de atividade, mais do que exportar para mercados com reduzida «distância psicológica». Quase todas as empresas deste estudo tinham agentes nos mercados internacionais e não tencionavam avançar para outras formas mais exigentes e comprometidas de presença em mercados externos.

Para alguns autores de referência desta temática, as «nascidas globais» podem definir-se como empresas pequenas e orientadas para as áreas das tecnologias que operam nos mercados internacionais desde os primeiros dias do arranque da sua atividade. Estes, consideram que as empresas «nascidas globais» surgiram em países com mercados domésticos de pequena dimensão, sendo que atualmente este fenómeno alastrou-se a mercados de grande dimensão e em todas as partes do mundo. Apesar da escassez de recursos humanos, financeiros e outros recursos tangíveis que caracterizam estas empresas, o seu processo de internacionalização é bastante rápido.

Outros autores persistem com a preocupação sobre como se poderá definir uma empresa «nascida global» e sobre quais são os determinantes do surgimento deste tipo de empresas, dando um grande enfoque ao papel do fundador (proprietário) da empresa. Estes autores argumentam que as teorias de internacionalização por etapas e das redes poderão ser utilizadas para explicar o processo de internacionalização das «nascidas globais» e referem que estas empresas poderão ser consideradas entre as «empresas retardatárias» e as «empresas internacionais experientes».

Uma das principais características das referidas duas teorias (internacionalização por etapas e redes) tem que ver com a incerteza da empresa em relação à abordagem de mercados internacionais. Esta incerteza, de acordo com a nossa visão, poderá ser reduzida com o conhecimento e com a utilização da rede de relações do fundador (proprietário) da empresa nos mercados de exportação e, graças a isso, a empresa pode entrar em mercados mais distantes – a experiência dos proprietários e gestores da empresa, bem como as suas relações e conhecimento são cruciais para a existência das empresas «nascidas globais». Esta perspetiva está, de algum modo, próxima da teoria dos «modelos de pré-exportação» que sugerem que as diferenças nas práticas de gestão entre os diversos empresários estão relacionadas com os contactos e conhecimentos que adquiriram antes da constituição da empresa (podem até designar-se as empresas «nascidas globais» como «empreendedores internacionais»).

Este percurso muito acelerado que a empresa segue no seu processo de internacionalização é geralmente liderado por empresários e gestores muitos dinâmicos e ativos e é motivado pelo interesse da empresa em ser a primeira a chegar a determinado mercado («vantagem de ser pioneiro») e a captar novos clientes. Uma estratégia deste tipo está alicerçada em vantagens competitivas ligadas a fatores intangíveis e de conhecimento, por isso sujeitas a rápidas transformações tecnológicas e, por vezes, a dificuldades de proteção de propriedade intelectual. Com «janelas de oportunidade» de negócio muito estreitas exige um forte compromisso por parte da empresa.

No início deste século realizou-se um estudo a uma empresa de radioterapia sueca (*Helax*) com o objetivo de contribuir para o desenvolvimento da teoria das empresas «nascidas globais». Analisando o caso da *Helax*, constatou-se que as «nascidas globais» são empresas de «conhecimento intensivo» que empregam indivíduos com fortes competências científicas e que comercializam produtos «totalmente novos» ou bastante diferentes dos que estão disponíveis no mercado. O que contraria alguns testemunhos que referem que as «nascidas globais» são empresas novas, com reduzido conhecimento das instituições e dos mercados externos e que sofrem da desvantagem do recém-chegado, e que estão expostas a elevados níveis de incerteza em relação aos potenciais clientes e às suas necessidades e tipo de procura.

De qualquer das formas, o que fica claro é que a rede de relações da empresa composta por fornecedores e agentes oferecem a este tipo de empresas o conhecimento necessário para entrarem em mercados internacionais, através do estabelecimento de parcerias ou de modos de entrada que não impliquem um grande compromisso de recursos. O processo de internacionalização das «nascidas globais» é uma questão de conhecimento através de redes, estando as empresas disponíveis para adaptar a sua estratégia em função das necessidades do mercado. Neste sentido, é fundamental que saibam estabelecer desde o início da sua atividade fortes relações com empresas internacionais no mercado doméstico ou em mercados externos. Neste processo de expansão internacional, as «nascidas globais» conseguem transformar «relações fracas» em «relações fortes» e «relações diretas» em «relações indiretas», e vice-versa. Este processo não é linear, nem planeado, mas permite à empresa entrar ou sair de redes cada vez mais alargadas.

Em contraste com algumas das perspetivas anteriormente apresentadas, um estudo de 1992 sobre as «empresas iniciantes de alta tecnologia» refere que as pequenas empresas não podem ter uma estratégia de atuação em múltiplos mercados, ao contrário das grandes empresas, porque não têm uma escala suficiente para operações globais e, por isso, deverão concentrar-se numa área de negócios que tenha um tipo de clientes homogéneo e que não obrigue a grandes adaptações na respetiva estratégia comercial e de marketing. Como estas empresas estão geralmente dependentes de um único produto, ter de promover a sua venda em mercados externos onde exista procura para os mesmos, independentemente da sua localização geográfica. A «distância psicológica» como fator de seleção de mercados não tem aqui relevância e, devido aos reduzidos recursos da empresa, esta costuma comercializar os seus produtos em redes especializadas onde também procuram parceiros que possam complementar as suas próprias competências.

Chama-se aqui a atenção para o facto de que apesar de a maior parte dos estudos sobre as denominadas nascidas globais estar relacionada com empresas recém-criadas do sector das tecnologias, este fenómeno também pode existir em sectores maduros ou mais tradicionais, neste último caso, como no setor das artes ou do artesanato.

Também em relação ao momento da constituição e estabelecimento das «nascidas globais» no mercado doméstico e a sua primeira entrada nos mercados internacionais existem diversas perspetivas. Para serem consideradas «nascidas globais», o tempo máximo para a internacionalização da empresa pode variar até dois anos, e após a sua constituição até seis anos. Esta diversidade de valores sugere que a definição de «nascidas globais» é mais uma questão de grau de intensidade da internacionalização do que uma designação absoluta e genérica.

No âmbito deste debate, alguns autores introduziram o conceito de empresas «nascidas globais outra vez», que são empresas solidamente estabelecidas e anteriormente focadas no mercado doméstico e que subitamente apostaram numa rápida e dedicada internacionalização. Este tipo de comportamento por parte de algumas empresas é muitas vezes uma resposta a um incidente ou incidentes críticos, internos (por exemplo, a mudança da equipa de gestão) ou externos (por exemplo, o acompanhamento de clientes para diversos mercados internacionais) à própria empresa.

A maior parte dos estudos realizados sobre as «nascidas globais» apresenta alguns pontos de divergência, sobretudo relacionados com as características do processo de comercialização de alguns produtos e com o tipo de relacionamento com os clientes, mas também alguns aspetos de convergência, no que diz respeito às características do (rápido) processo de internacionalização, à importância das redes, à proporção do volume de vendas que têm de ser realizadas nos mercados internacionais, ao tipo de governação das empresas e ao papel dos seus proprietários/gestores.

Alguns autores consideram que a pesquisa sobre as «nascidas globais» tem sido empírica e bastante descritiva, notando-se a ausência de um quadro teórico de referência e chegam a colocar a seguinte questão: que quadro teórico deve ser aplicado para a compreensão e explicação deste fenómeno? A resposta é dada, provavelmente, pelo facto de que são as teorias do empreendedorismo e dos recursos (Lopes da Costa e António, 2017) que melhor justificam o surgimento das empresas «nascidas globais».

Pode ainda referir-se que as teorias de internacionalização de Uppsala e de inovação também não apresentam grande utilidade na explicação do desenvolvimento internacional das empresas «nascidas globais», mas apontam as contribuições que em relação a este fenómeno poderão ser dadas pela teoria das redes. Reconhecendo também o mérito da teoria das redes nesta explicação, pode ainda afirmar-se que a evidência do acompanhamento dos clientes e as indicações de que algumas empresas iniciam a exportação devido aos contactos com fornecedores estrangeiros oferecem uma explicação plausível sobre como e porquê algumas firmas com estas redes se internacionalizam.

Alguns autores defendem que para uma total explicação do surgimento das «nascidas globais» deve ser analisado o perfil e características dos fundadores e proprietários da empresa, pois existe uma relação muito estreita entre estas características e as estratégias de internacionalização seguidas. Na nossa opinião, fatores como a educação, experiência derivada de ter vivido no estrangeiro, experiência de outros empregos orientados para a área internacional, moldam a cabeça do fundador e diminuem significativamente a distância psicológica em relação a determinados produtos de mercado. O fundador da empresa não vê os mercados internacionais como um obstáculo, mas sim como um espaço de oportunidades. Assim, a geografia das atividades das «nascidas globais» é determinado pela experiência passada dos seus fundadores e parceiros, bem como pelas suas capacidades económicas e fatores de relacionamento e de interação com os clientes.

Importa ainda referir que o estudo das empresas «nascidas globais» se converteu numa parte importante das emergentes teorias sobre a criação de novas empresas internacionais («empreendedorismo internacional»). Este é um novo campo de investigação, que reúne contribuições de áreas teóricas tradicionais, como a internacionalização empresarial, marketing internacional e criação de empresas, com o objetivo de consolidar o seu domínio e os seus limites como área de investigação. O empreendedorismo internacional converteu-se numa abordagem de investigação multidimensional, no qual coabitam diversas teorias, modelos e perspetivas teóricas, e em constante evolução e debate, não estando ainda definida a plena extensão do seu alcance.

Pode por isso apresentar-se uma nova definição de empreendedorismo internacional e também um modelo que pretende servir de apoio à investigação sobre a dinâmica do processo de internacionalização das «nascidas globais». O empreendedorismo internacional pode ser definido como a «descoberta, criação, avaliação e exploração de oportunidades – para além das fronteiras nacionais – para criar bens e serviços futuros». O empreendedorismo internacional passa a ter duas áreas de estudo, uma mais focada na análise do comportamento e da atuação dos empreendedores nos mercados internacionais (fora do mercado doméstico) e a outra mais interessada em avaliar comparativamente os empreendedores e o seu posicionamento nos diferentes mercados internacionais.

Quanto ao modelo sobre os determinantes do ritmo de internacionalização das empresas «nascidas globais», este tem em atenção: (1) o tempo entre a descoberta e a identificação da oportunidade de negócio e a entrada da empresa no mercado; (2) o histórico do ritmo de entradas da empresa em outros mercados e das entradas em mercados «psicologicamente distantes» do mercado do fundador da empresa; (3) e o ritmo do compromisso internacional da empresa. A análise de diversos casos no âmbito deste modelo permitiu mostrar que o ritmo de internacionalização das empresas «nascidas globais» é iniciado na sequência de uma oportunidade de negócio e é influenciado: pelo desenvolvimento das tecnologias de informação e comunicação; pela presença de concorrentes ou de potenciais concorrentes; pelas perceções e características individuais dos empresários e pelo conhecimento e redes de relações internacionais detidas por estes empresários.

Podem também considerar-se que o fundador da empresa e a sua visão global são fatores determinantes no desenvolvimento das «nascidas globais». Outras variáveis que afetam diretamente o progresso destas empresas são a inovação, a dimensão financeira, as estratégias de produto, as redes e canais de distribuição, as operações e as estratégias de mercado e a aprendizagem organizacional. Nesta perspetiva e na nossa opinião, as «nascidas globais» passam por três fases: (1) fase introdutória; (2) fase de crescimento e de acumulação de recursos; (3) e fase de desenvolvimento sustentado. Nesta última fase, as «nascidas globais» podem-se transformar em «normais» multinacionais.

Freeman *et al.* (2010) realizaram uma análise do processo de internacionalização das «nascidas globais», que designaram por «pequenas empresas nascidas globais», e concluíram que o modelo de internacionalização por etapas não consegue explicar convenientemente a rápida expansão internacional destas empresas. Estes autores exploraram as características do processo de desenvolvimento do conhecimento, dando particular destaque ao «conhecimento tecnológico», e confirmaram a importância das redes de relações globais dos fundadores/empresários, existentes antes e depois da constituição da empresa, no estabelecimento de futuras parcerias que permitirão a rápida comercialização dos seus produtos nos mercados internacionais.

O fenómeno das «nascidas globais» deve ser analisado no âmbito do processo de crescente globalização e integração económica, onde o envolvimento internacional destas empresas e o ritmo do seu processo de internacionalização é mais rápido do que o das empresas de finais das décadas de 70 e 80 do século passado, que desenvolviam a sua atividade num espaço mais fechado e economicamente menos integrado.

Capítulo 4
Modos de Entrada em Mercados Internacionais

4.1. Modos de Entrada: Conceitos e Dimensões

Neste capítulo iremos apresentar e enquadrar os chamados modos de entrada das empresas em mercados internacionais, também designados por tipos de operação internacional ou modos de operação internacional, no contexto das teorias de internacionalização tratadas no capítulo anterior. Na medida em que iremos analisar um grupo de empresas industriais portuguesas que efetuaram investimentos produtivos nos países da Europa Central e Oriental, vamos dar particular destaque ao modo de entrada de investimento direto que foi utilizado por estas empresas.

Nas teorias da internalização e dos custos de transação, as empresas internacionalizam as atividades que podem ser realizadas a baixo custo, mas irão subcontratá-las externamente se existirem outros fornecedores que apresentem vantagens de custo. A entrada de determinada empresa num mercado externo é considerada como uma transação, e a escolha desse modo de entrada é feita em função do seu grau de integração vertical no nível de negócio internacional da empresa e das alternativas possíveis em termos de controlo e do processo de integração. Refira-se, no entanto, que estas teorias não distinguem convenientemente os diferentes tipos de parcerias que se podem estabelecer entre as empresas.

Já ao nível da teoria eclética de Dunning (1980), as vantagens específicas de posse, de localização e de internalização são fatores determinantes na escolha dos modos de entrada. É a interligação de todos estes fatores que vai influenciar a escolha do modo de entrada de uma empresa num mercado exterior, podendo a empresa selecionar entre modos de entrada sem propriedade, modos de entrada com propriedade parcial ou modos de entrada com a totalidade da propriedade.

Na teoria da vantagem monopolística de Hymer (1976), as empresas deverão possuir alguma vantagem monopolística no âmbito das imperfeições estruturais do mercado e da consequente existência de benefícios oligopolísticos para iniciarem a sua expansão internacional, sobretudo quando decidem estabelecer uma presença física num mercado externo. Nesta teoria, a escolha dos modos de entrada é determinada pelas características das vantagens de propriedade da empresa, estando os modos de entrada, em parte, limitados ao investimento direto estrangeiro. No entanto, esta teoria não explica os fatores que incidem na escolha da localização, nem os motivos pelos quais as empresas tenderiam a escolher o investimento direto estrangeiro, em vez de produzirem no mercado doméstico e exportarem os seus produtos.

Nas teorias de internacionalização por etapas, as empresas implementam as suas atividades internacionais de forma incremental de modo a ganharem experiência, a adotarem uma atitude mais positiva em relação aos riscos e a desenvolverem conhecimentos que vão permitir a entrada em outros mercados internacionais. O envolvimento de uma empresa num determinado mercado externo vai desenvolver-se «passo a passo» e seguindo a «cadeia de estabelecimento» que se inicia com a realização de atividades de exportação não regulares, a que se seguem as exportações através de agentes, o estabelecimento de uma filial comercial e o estabelecimento de uma filial produtiva.

Na teoria das redes, os mercados são considerados como um espaço dinâmico de relações entre um conjunto de diversos atores, nomeadamente clientes, fornecedores, concorrentes e entidades públicas e privadas de apoio às empresas. As relações da empresa e o desenvolvimento desses relacionamentos vão permitir a construção de condições para a entrada em novos mercados e determinar quais os mercados e os modos de entrada mais apropriados.

Na teoria do empreendedorismo internacional, constata-se que a «cadeia de estabelecimento» das teorias da internacionalização por etapas não é o modelo mais adequado para explicar os modos de entrada das empresas em mercados internacionais. Pelo contrário, registam-se influências da teoria das redes. Se as redes facilitam o estabelecimento de parcerias e a entrada das empresas «nascidas globais» em mercados internacionais, a teoria dos recursos apresenta uma perspetiva holística da empresa onde as decisões relacionadas com a escolha dos mercados de internacionalização, dos modos de entrada e das estratégias de mercado não são tomadas isoladamente, mas sim devidamente coordenadas tendo em conta os recursos, competências e situações contextuais da própria empresa. Esta situação permite à empresa controlar de forma satisfatória os seus recursos estratégicos, facilitando a transferência de conhecimento para outras entidades, numa situação que exige uma relação de cooperação muito estreita e duradoura entre todas as partes envolvidas.

A escolha dos modos de entrada das empresas em mercados externos constitui uma decisão complexa, crítica e estratégica ao nível do processo de internacionalização e de desenvolvimento das próprias empresas. A partir do momento em que a empresa decide iniciar a sua atividade internacional, vai ter de tomar um conjunto de decisões sobre a forma como deverá gerir e implementar essas atividades e também sobre o tipo de ligações que irá estabelecer com os seus parceiros internacionais.

Pode assim referir-se que os modos de entrada são os métodos de organização empresarial empregues pelas empresas na entrada em mercados internacionais com o objetivo de implementarem atividades criadoras de valor. Tendo em consideração que esta decisão diz não só respeito ao modo utilizado inicialmente pela empresa para a entrada num novo mercado externo, mas também ao posterior desenvolvimento da atividade da empresa nesse mercado, podendo denominar-se este processo como modo de entrada e de desenvolvimento internacional.

Existe, no entanto, diferentes conceitos de modos de entrada, podendo definir-se como rotas alternativas ou percursos disponíveis para a empresa transferir recursos do país de origem para o país de acolhimento. Ou, em vez do termo «modo de entrada», pode utilizar-se a expressão «métodos de operação no exterior» para designarem os mecanismos institucionais e organizacionais utilizados com vista à condução de uma atividade empresarial internacional, como a fabricação de mercadorias, serviços a clientes e a captação de vários *inputs*. Podemos ainda definir o termo como caminhos ou meios à disposição das empresas para a transferência de recursos do mercado doméstico para um mercado de destino, ou considerar o modo de entrada num mercado internacional como o mecanismo institucional que torna possível a entrada dos produtos, tecnologias, competências, gestão e outros recursos de uma empresa num mercado externo.

Podemos, no entanto, afirmar que na análise dos modos de entrada existem fundamentalmente duas grandes dimensões:

(1) a localização, ou seja, onde é que determinada atividade tem lugar e (2) o modelo de governação, isto é, como é que determinada atividade está organizada. Aqui destaca-se a dimensão da governação e considera-se que no processo de seleção do modo mais apropriado para a entrada num mercado internacional, as empresas terão que ter em conta o nível de compromisso de recursos que pretendem envolver e o nível de controlo que tencionam ter dessa operação. Estes dois aspetos deverão ser avaliados no contexto do nível de risco que a empresa espera vir a encontrar no país onde pretende desenvolver os seus negócios, tendo presente que, enquanto nos países com riscos elevados a empresa pode não estar interessada em comprometer recursos, em países com riscos reduzidos a empresa pode pretender envolver recursos e controlar toda a operação. Também seguindo esta perspetiva, considera-se que a escolha do modo de entrada deverá ser feita em função da análise dos riscos e retornos dos investimentos realizados.

4.2. Modos de Entrada: Características e Tipologias

Os modos de entrada em mercados internacionais são vários e apresentam diversas características e tipologias. Alguns estudiosos nesta matéria sugerem uma tipologia em que a classificação dos modos de entrada é efetuada com base no local de produção. Nesta formulação existem modos de entrada que se caracterizam pela produção no país de origem e posterior exportação para outros países (exportação indireta e exportação direta), e modos de entrada que têm a sua produção no exterior (modos contratuais e investimento).

Pode, no entanto, propor-se um modelo hierárquico de modos de entrada onde num primeiro nível se faz uma clara distinção entre os modos com capital («modos de equidade») e os modos sem capital («modos sem equidade»). Efetuada esta primeira opção, as empresas vão depois selecionar o modo específico de entrada tendo em atenção que as exportações e os acordos contratuais integram os modos sem capital e as operações de investimento, sob a forma de «empreendimentos únicos» (filial detida a 100%) ou «empreendimentos conjuntos» (propriedade partilhada), fazendo parte dos modos com capital.

Podemos, no entanto, apontar outros tipos de modos de entrada das empresas nos mercados internacionais – exportação, modos contratuais e investimento, existindo, no entanto, algumas diferenças entre estas duas propostas ao nível de cada um dos modos apresentados. Lasserre (2003) propõe uma tipologia que prevê a entrada das empresas em mercados externos através dos seguintes modos: empresa subsidiária detida a 100%; aquisição; «empreendimentos conjuntos»; licenciamento/franquia, agente/distribuidor e escritório de representação. Pode também considerar-se que o processo de expansão das empresas nos mercados internacionais se realiza através daquilo a que designou por modos de exportação, alianças estratégicas e investimento direto estrangeiro, ou classificar os modos de entrada em duas categorias – contratos e capital – cujas principais diferenças entre modos de entrada têm que ver com o método escolhido para remunerarem o fornecedor dos respetivos *inputs*. Deve, no entanto, considerar-se que estas categorizações assumem uma continuidade em termos de controlo, compromisso e risco, mas também diferenças quanto à natureza dos recursos e dos direitos transferidos.

Neste livro, iremos seguir a tipologia de modos de entrada que consta do Quadro 1.

Quadro 1: Tipologia de modos de entrada

Exportação

Exportação indireta (a empresa não se encarrega das operações de exportação)
Exportação direta (para importadores, distribuidores e agentes no estrangeiro)
Exportação própria (venda direta para uma subsidiária da empresa no país de destino)

Modos Contratuais

Contrato de licenciamento (utilização de «conhecimento», patentes, marcas)
Contrato de «franquia» (prestação de serviços estandardizada)
Contrato de serviços de assistência técnica
Contrato de prestação de serviços
Contrato de gestão (gestão de negócio por conta de outrem)
Contrato de fornecimento de unidade industrial (tipo «chave na mão»)
Contrato de subcontratação industrial
Acordos de coprodução

Investimento

«empreendimentos únicos» (filial detida a 100%) – Nova empresa
«empreendimentos únicos» (filial detida a 100%) – Aquisição de empresa
«empreendimentos conjuntos» (propriedade partilhada) – Nova empresa/Aquisição de empresa

Fonte: Elaboração dos Autores

Nesta tipologia, o modo de exportação apresenta características diferentes dos outros dois modos de entrada (formas contratuais e investimento), em virtude de os produtos serem vendidos num país diferente daquele onde são fabricados. A exportação implica um movimento de bens/mercadorias entre fronteiras e apresenta algumas limitações na aplicação à área dos serviços, devido às dificuldades na separação temporal e espacial entre a conceção/elaboração do serviço e a sua prestação. A exportação indireta utiliza intermediários, localizados no próprio país onde se encontra a empresa, para a exportação dos mesmos, encarregando-se normalmente estes intermediários do transporte e venda dos produtos nos mercados de destino. Já a exportação direta para importadores, distribuidores ou agentes no mercado de destino não utiliza intermediários no mercado de origem da empresa, encarregando-se esta da recolha de informações sobre as características dos mercados-alvo da exportação (em termos das políticas de distribuição, comunicação e preços) e de todos os procedimentos operacionais (logística, transportes e pagamentos) relacionados com a exportação dos bens. A exportação direta para uma subsidiária da empresa num mercado-alvo implica a realização de um investimento na criação dessa sucursal que na dependência da sede da empresa se vai ocupar da comercialização e distribuição dos produtos. A exportação direta e a exportação indireta podem utilizar-se ao mesmo tempo numa empresa, consoante os mercados-alvo de exportação (Fig. nº 13).

Fig. nº 13: A exportação como modo continuado do processo de internacionalização

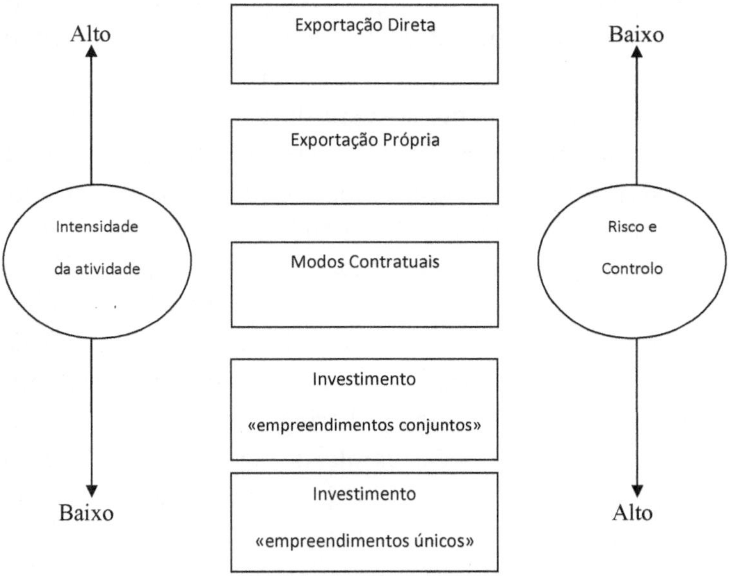

Fonte: Elaboração dos Autores

A exportação constitui um dos modos mais rápidos e versáteis de entrada em mercados internacionais, permitindo às empresas a sua utilização em conjugação com outros modos de entrada e representando uma das estratégias mais eficazes de intervenção em mercados com elevados riscos e incertezas. O modo de exportação pode ser encontrado de uma forma continuada nas várias fases do processo de internacionalização de uma empresa: no arranque e no decurso de todo o seu processo de expansão internacional; no momento em que decide realizar um investimento num país e realiza ao mesmo tempo exportações para outros países; e até quando utiliza a empresa criada num determinado país para exportar para terceiros países.

As principais vantagens do modo de exportação têm a ver, fundamentalmente, com o nível limitado de recursos financeiros e de gestão que exige à empresa, enquanto as desvantagens têm que ver com a falta de contacto regular da empresa com o mercado para onde exporta os seus bens e serviços (ou até o próprio desconhecimento do mercado, para o caso das empresas que realizam exportações indiretas) e o eventual conflito de interesses entre a empresa e os seus intermediários no mercado.

Alguns autores académicos consideram que os intermediários das empresas nos mercados externos (agentes, distribuidores) deverão ser acompanhados com atenção de modo a evitar que desenvolvam a sua atividade de forma pouco eficaz ou pouco apropriada (reduzida adesão e comprometimento às políticas comercial, de marketing e preços da empresa; realização de importações paralelas; escasso conhecimento do mercado e dos seus principais atores), pondo em causa a intervenção e os resultados da empresa nesses mercados.

Os modos contratuais correspondem a acordos de médio-longo prazo estabelecidos entre empresas de diferentes países com vista à transferência de tecnologia, capacidades e conhecimentos entre essas empresas. Estes diferenciam-se dos modos de exportação, pois são fundamentalmente veículos de transferência de conhecimento e de capacidades, apesar de também poderem criar oportunidades de exportação. E distinguem-se dos modos de investimento pelo facto de não realizarem operações de investimento nas empresas com as quais estabeleceram acordos.

Os modos contratuais apresentam um conjunto diferenciado de categorias: contrato de licenciamento, contrato de «franquias», contrato de serviços de assistência técnica, contrato de prestação de serviços, contrato de fornecimento de unidade industrial, contrato de subcontratação industrial e acordos de coprodução.

Nos contratos de licenciamento, uma empresa («licenciador») transfere para uma outra entidade («licenciado»), geralmente uma empresa, por um período de tempo determinado, o direito de utilização de propriedade industrial (marcas, patentes e «conhecimento»), mediante o pagamento de *royalties* ou de outras formas de compensação.

No âmbito dos contratos de licenciamento, o «licenciador» pode contratualmente obrigar o «licenciado» a adquirir-lhe produtos intermédios ou componentes, beneficiando das receitas associadas a estas vendas. Devido ao reduzido envolvimento em termos de capital e de recursos humanos, os contratos de licenciamento constituem uma forma económica de entrada em mercados internacionais, sobretudo naqueles onde existem fortes barreiras à entrada. As desvantagens da utilização deste modo de entrada estão relacionadas com as possibilidades de apropriação tecnológica por parte do «licenciado» (podendo este vir a transformar-se num futuro concorrente); com o risco de existência de dificuldades de controlo de qualidade da operação do «licenciado», que pode trazer graves problemas, sobretudo nos casos em que são utilizadas as marcas próprias do «licenciador» e, em termos mais globais e estratégicos, com o facto de o «licenciador» não conhecer com detalhe as características do mercado onde opera o «licenciado» e de não controlar a sua atividade.

Os contratos de «franquia» também se integram nos modos contratuais de entrada em mercados internacionais. Neste caso o «franqueador» garante ao «franqueado» o direito de utilização do seu nome, marcas e «conhecimento», para além de prestar assistência e apoio ao «franqueado» nas áreas da gestão, organização e marketing, mediante uma contrapartida financeira prevista num acordo que se pretende que seja permanente.

Os fatores determinantes para o sucesso dos contratos de «franquia» estão relacionados com a qualidade do formato do negócio, a marca que lhe está associada e o nível de atividade económica e características do ambiente de negócios do país onde irá operar o «franqueado». Na nossa leitura, este modo de entrada apresenta um conjunto de vantagens e de desvantagens bastante semelhantes às encontradas nos contratos de licenciamento. As principais vantagens têm que ver com a possibilidade da rápida entrada num mercado externo com o envolvimento de reduzidos compromissos financeiros; a expansão e estandardização do formato de negócio e da marca do «franqueador»; a possibilidade de mobilização de «franqueados» bastante motivados e a limitação dos riscos políticos e económicos geralmente associados à entrada em mercados internacionais. As desvantagens estão relacionadas com eventuais limitações dos resultados alcançados pelo «franqueado»; a falta de controlo total sobre as operações do «franqueado»; a possibilidade de criação de concorrentes entre os «franqueados»; e as restrições que possam ser impostas aos acordos de «franquia» pelas regulamentações específicas de alguns países.

Existe ainda um conjunto de outros modos contratuais que envolvem a transferência de serviços diretamente para empresas estrangeiras mediante a respetiva compensação monetária (contrato de serviços de assistência técnica, contrato de prestação de serviços, contrato de gestão, contrato de fornecimento de unidade industrial), ou a transferência de produtos fabricados na sequência do estabelecimento de acordos de prestação de serviços (contrato de subcontratação industrial e acordos de coprodução).

Os modos contratuais podem, por isso, constituir-se como alternativas de abordagem e de penetração de mercados face aos modos de exportação ou de investimento direto. Em termos globais, os modos contratuais apresentam como principais vantagens os reduzidos riscos, a rapidez de entrada em mercados externos, a inexistência de problemas locais relacionados com a propriedade dos meios de produção e a possibilidade de as empresas testarem e avaliarem as oportunidades de negócios existentes nos mercados. Como desvantagens são mencionadas as dificuldades de as empresas construírem posições de mercado permanente, a duração, geralmente longa, das negociações associadas a este tipo de acordos e a limitação das compensações financeiras ao período de duração do contrato.

A decisão de realização de investimento direto no estrangeiro (IDE), que foi o modo de entrada selecionado pelas empresas que vão ser analisadas nesta investigação, constitui um processo social complicado, envolvendo uma complexa estrutura de atitudes e opiniões, de relações sociais, dentro e fora da empresa, e o modo como estas atitudes, opiniões e relações sociais vão mudando. Essa (decisão) contém vários elementos de comportamento individual e organizacional, influenciados pelo passado e pelas perceções do futuro e também do presente. É composta por um largo número de decisões, tomadas por pessoas diferentes, em diferentes intervalos de tempo. A decisão de investimento direto no exterior requer uma avaliação do clima de investimento do país em causa e do respetivo projeto de investimento.

Em termos estatísticos, o IDE verifica-se quando o nível de propriedade de uma empresa numa congénere estrangeira atinge determinada posição no seu capital social. A França, Austrália, EUA, Noruega e Finlândia consideram que há investimento direto estrangeiro quando a posição de uma empresa no capital social de uma outra empresa, localizada num mercado exterior, for igual ou superior a 10%. Por seu lado, a Alemanha e o Reino Unido consideram que essa posição terá de ser igual ou superior a 20% do capital social de uma empresa situado num mercado externo.

A expansão internacional de uma empresa, via IDE, de qualquer das formas, representa um elevado nível de compromisso para a empresa e requer um envolvimento de recursos maior do que nos outros modos de entrada. Por vezes, o investimento em determinado mercado é precedido pela utilização de outros modos de entrada que permitem à empresa aprofundar a sua experiência e conhecimento desse mercado, reduzindo, desse modo, os possíveis riscos e dificuldades relacionados com esse investimento.

O modo de entrada IDE implica a transferência e a exploração num outro país de um conjunto muito alargado de recursos da empresa, nas áreas da gestão, produção, finanças, marketing e outros ativos no domínio do conhecimento. Este modo de entrada apresenta como principais vantagens (1) a possibilidade da empresa fornecer determinado mercado com custos de fornecimento inferiores, quando comparados com a utilização do modo de exportação, devido às poupanças que se podem obter ao nível dos transportes, custos das alfândegas e fatores de produção; (2) uma maior flexibilidade da empresa na adaptação dos seus produtos e serviços ao tipo de procura existente no mercado em causa, garantindo também uma maior disponibilidade de «stocks», entregas rápidas e a possibilidade de ultrapassar eventuais limitações e quotas existentes à importação desses bens e serviços; e (3) um maior envolvimento de recursos comerciais e de marketing nesse mercado, pois em caso de fracasso da operação a empresa tem muito mais a perder do que quando utiliza os modos de exportação ou os modos contratuais. Quanto às desvantagens, o IDE implica (1) o envolvimento de maiores recursos da empresa; (2) uma maior exposição a diversos tipos de riscos (políticos, económicos, sociais); (3) a possibilidade de ter de suportar elevados custos iniciais do investimento e períodos longos de amortização; e (4) também algumas dificuldades nas situações de desinvestimento ou de alteração da estratégia da empresa.

Podemos ainda referir que existem um conjunto de outras vantagens no estabelecimento de operações de IDE, pois vão (1) permitir localizar a produção de bens ou serviços junto aos clientes, reduzindo o custo de transporte e melhorando os níveis de atendimento e de acompanhamento; (2) seguir clientes quando eles se internacionalizam e desse modo conseguir vantagens competitivas face a outros concorrentes; (3) enfraquecer a posição de concorrentes no seu próprio mercado; (4) reduzir custos de produção; (5) evitar barreiras comerciais e alfandegárias; e (6) captar incentivos e apoios governamentais para os investimentos que se pretendem realizar.

Numa abordagem mais assertiva à análise do modo de entrada IDE propomos que se assinale a existência de três grandes dimensões ao nível deste modo de entrada: o modo de concretização do investimento (investimento de raiz ou «investimentos em campos ainda não explorados» *vs.* aquisição); o nível de propriedade («empreendimentos únicos» *vs.* «empreendimentos conjuntos»); e as atividades desenvolvidas pela empresa (filial de captação de conhecimentos, filial comercial e filial produtiva).

O IDE pode concretizar-se através de um investimento de raiz («investimentos em campos ainda não explorados») ou da aquisição parcial ou total de uma empresa já existente no país em causa. Uma terceira forma de concretização do investimento, designada por «empreendimentos em campos mascavos», tem vindo a ser referida para caracterizar algumas operações de investimento realizadas em mercados emergentes, e nomeadamente nos ex-países comunistas da Europa Central e Oriental no período que se seguiu à Queda do Muro de Berlim, verificada no ano de 1989.

As operações «empreendimentos em campos mascavos» constituem uma forma particular de aquisição em mercados emergentes. Neste caso, e depois de adquiridas por empresas estrangeiras, as empresas localizadas em mercados emergentes são alvo de profundas reestruturações e de novos investimentos, ao nível de infraestruturas, equipamentos e de métodos de trabalho e de produção, a ponto dessas transformações, depois de concluídas, apresentarem algumas semelhanças com os investimentos de raiz. Neste tipo de operações, a maior parte dos ativos da empresa adquirida não interessa ao investidor. De um ponto vista estratégico, os «empreendimentos em campos mascavos» poderão constituir uma alternativa às tradicionais aquisições no exterior ou até mesmo para investimentos de raiz, quando estes não são possíveis ou apresentam custos elevados.

A aquisição parcial ou total de determinada empresa no estrangeiro pode permitir ao adquirente a obtenção de uma posição de mercado; rápido acesso a uma rede de clientes, fornecedores e a diversas outras entidades públicas e privadas; controlo de diversos recursos e competências (equipamentos, recursos humanos, marcas, patentes, conhecimento das características do mercado e outras capacidades específicas); conquista de uma base suscetível de alavancar a expansão futura da empresa; e a possibilidade de representar, no contexto do IDE, a forma menos dispendiosa de entrada no mercado em causa. Em relação às desvantagens de utilização deste modo de entrada, pode referir-se as taxas de insucesso em algumas aquisições; dificuldades de integração das culturas organizacionais das empresas adquirente e adquirida; pressão para realizar mudanças rápidas; excesso de confiança ou a inexistência de informações completas e fidedignas sobre a situação da empresa; falta de conhecimento e de experiência prévia sobre as características do mercado; dificuldades na retenção de quadros-chave; elevado preço de aquisição derivado, em muitos casos, da existência de uma forte pressão competitiva e de outros interessados nesse negócio; e, por vezes, a inexistência das empresas mais apropriadas para serem adquiridas. Pode, por sua vez, incluir-se aqui ainda a complexidade existente na gestão de uma empresa adquirida que pode ser superior à gestão de um investimento de raiz, sobretudo no período pós-aquisição, e também a possibilidade da taxa de retorno do investimento vir a ser inferior ao esperado.

Relativamente aos investimentos de raiz, a empresa investidora cria, desde o início, uma nova empresa, implicando a aquisição e, em alguns casos, a construção das futuras instalações; contratação e formação do pessoal; implementação de modos e práticas de gestão e de organização empresarial geralmente seguidos pela «empresa-mãe»; estabelecimento de uma rede local de clientes, fornecedores e outros parceiros; promoção dos respetivos produtos e serviços; e, também, a transferência de tecnologias de produção, capital e conhecimento. Refira-se que os investimentos de raiz tendem a ser mais utilizados como modo de entrada de IDE, nos sectores onde existem maiores necessidades de transferência e de utilização de competências e capacidades tecnológicas.

Da mesma forma, estes permitem ultrapassar algumas das desvantagens apontadas para o modo de aquisições, e proporcionar ao investidor um elevado controlo sobre as suas operações nos mercados externos, a par da possibilidade de expandir a sua atividade de uma forma gradual e à medida que for aprofundando o seu conhecimento sobre esse mercado. Como desvantagens da utilização do modo de investimento de raiz são referidas a necessidade e a disponibilidade de capital inicial; os custos associados à recolha de informações sectoriais e de mercado; o nível superior de complexidade nas relações e decisões comerciais e de marketing entre a «empresa-mãe» e as filiais; e as ameaças de nacionalização e de expropriação.

De referir ainda que apesar de o investimento de raiz permitir um envolvimento mais gradual e faseado das empresas, numa estratégia de «esperar para ver», pode permitir uma calendarização dos investimentos em função dos resultados e constituir uma opção real ao nível do modo de entrada investimento direto no estrangeiro. Esta estratégia designada por «teoria da opção real» pode também ser utilizada quer na gestão operacional de outros modos de entrada, por exemplo, quando, face à perspetiva de bons resultados, a empresa decide aumentar a sua posição em «empreendimentos conjuntos»; passar do modo de exportação indireta para a exportação direta; ou substituir um distribuidor pela implementação de um investimento de raiz, quer na avaliação de investimentos em condições de elevado risco e incerteza.

De acordo com a «teoria da opção real», os investimentos poderão ser considerados uma «opção de chamada», isto é, a empresa realiza um investimento preliminar para avaliar o potencial de oportunidade do negócio e, caso esse potencial exista, a empresa pode, numa fase posterior, «exercer a sua opção» e expandir os seus investimentos. Algumas investigações nesta área de estudo referem que decisões de investimento tomadas por algumas empresas, no âmbito da «teoria da opção real», registaram resultados bastante positivos.

O modo de entrada investimento direto no estrangeiro implica a propriedade por parte de uma empresa internacional de uma ou de várias outras empresas num determinado país e, em termos do nível de propriedade e de controlo de gestão, estas filiais no estrangeiro podem ser classificadas como «empreendimentos únicos», quando a «empresa-mãe» tem a totalidade da propriedade e o controlo total dessas empresas, ou como «empreendimentos conjuntos», quando essa propriedade e controlo são partilhados com empresas ou parceiros locais.

Os «empreendimentos únicos» permitem à «empresa-mãe» um maior controlo sobre a gestão e atividade da sua filial no estrangeiro. Os «empreendimentos únicos» facilitam a implementação da estratégia própria da empresa, sem necessidade de negociações com parceiro (ou parceiros); permitem uma maior utilização e integração de processos e de procedimentos entre «empresa-mãe» e as suas filiais; uma melhor proteção da propriedade industrial e o acesso a todos os lucros e resultados da empresa.

Destaca-se aqui as vantagens existentes ao nível dos «empreendimentos únicos» quando estão em causa processos de transferência de recursos e de competências, embora não exista necessariamente uma correlação entre posição no capital social e controlo da empresa, verificando-se casos onde o controlo de posições-chave nas empresas é ocupado por parceiros com posições minoritárias. Um estudo sobre o investimento no exterior de empresas japonesas referiu em 2001 também que uma das razões para as referidas empresas optarem por «empreendimentos únicos» em vez de «empreendimentos conjuntos» tem que ver com a sua capacidade de resposta mais rápida face às ações e iniciativas dos seus concorrentes.

No caso dos «empreendimentos conjuntos», o capital e o controlo da empresa são partilhados com um ou mais parceiros o que pode não implicar uma relação direta entre nível de propriedade do capital e poder de decisão ao nível da empresa.

Um parceiro local num mercado externo pode trazer um conjunto de benefícios bastante significativos, sobretudo ao nível do conhecimento das características do mercado e dos seus principais atores, incluindo os contactos com as entidades públicas e governamentais. Em determinados mercados, os «empreendimentos conjuntos» tendem a ser politicamente mais aceites e apreciados, sobretudo nos casos de tomadas de posição em empresas locais relevantes ou «emblemáticas» ou até nas situações onde os «empreendimentos únicos» não são permitidos ou incentivados pelas entidades governamentais.

A decisão entre «empreendimentos únicos» e «empreendimentos conjuntos» vai estar dependente da «avaliação quanto às vantagens e custos de cooperação, à relevância dos recursos e competências fornecidas pelo parceiro e à importância atribuída à relação como tal». No entanto, algumas empresas, por vezes de forma deliberada, entram num determinado mercado através de «empreendimentos conjuntos» que lhes vão permitir, com menores compromissos em termos de recursos, ganhar tempo para avaliarem e conhecerem as especificidades do parceiro (ou parceiros) e do mercado e, mais tarde, passam a assumir a totalidade do capital e do controlo da empresa.

Dependendo dos níveis da cadeia de valor que são atribuídas às filiais implantadas no exterior e a fatores decorrentes da estratégia da empresa e das características dos mercados onde estão instaladas, considera-se a existência de três tipos de filiais: filiais comerciais, filiais produtivas e filiais de captação de conhecimentos. As filiais comerciais desenvolvem a sua atividade ao nível da venda, promoção e serviço pós-venda de produtos e serviços oriundos da empresa-mãe ou de outras filiais. As filiais produtivas têm uma atividade industrial própria que vai para além da armazenagem ou embalagem de produtos. As filiais de captação de conhecimentos têm por missão acompanhar os processos de inovação e de desenvolvimento tecnológico nos países de destino, em estreita articulação com a estratégia da «empresa-mãe».

Numa perspetiva gradualista do processo de IDE, às filiais comerciais sucedem-se as filiais produtivas. No entanto, esta linearidade não se verifica em muitos casos e outras vezes as próprias filiais produtivas são substituídas por filiais comerciais, sobretudo nos casos de deslocalização ou relocalização dos investimentos produtivos.

A mudança de modo de entrada num determinado mercado é uma situação normal no processo de internacionalização de uma empresa. Em algumas ocasiões a empresa altera o seu modo de entrada e, em vez de exportar de uma forma indireta, passa a exportar diretamente, ou, em vez de ter um agente, decide criar uma filial comercial, muitas vezes seguindo o conceito de «cadeia de estabelecimento» e passando a envolver cada vez mais recursos num determinado mercado.

No entanto, nalgumas empresas, em vez de se substituírem os modos de entrada, acrescentam-se novos modos de entrada, ou uma junção de vários modos de entrada, ao modo de entrada já existente, criando aquilo a que se designa por «modos combinados».

A combinação de modos de entrada pode ser implementada num determinado espaço de tempo, mas também pode fazer parte de uma estratégia de longo prazo, ou até mesmo definitiva, de determinada empresa. Assim, num mercado externo, a empresa pode usar e fazer coexistir diferentes modos de entrada com o objetivo de (1) estar presente nas diferentes fases da cadeia de valor dos seus produtos (António, 2006); (2) reforçar o compromisso e o controlo sobre determinadas operações (casos da utilização simultânea de modos contratuais e «empreendimentos conjuntos» no sector da hotelaria internacional); (3) servir diferentes áreas da mesma empresa (a separação das áreas de produção e de marketing é bastante frequente nas operações internacionais de algumas empresas dos sectores têxtil e calçado); (4) acompanhar diferentes segmentos de clientes (num estudo sobre os exportadores franceses, chamou-se à atenção para a segmentação em função da dimensão de clientes, com alguns clientes a serem tratados diretamente pela «empresa-mãe» e outros clientes a serem acompanhados por distribuidores ou pelas filiais comerciais no mercado); (5) efetuar a «avaliação comparativa» dos seus clientes (utilização de diferentes modos de entrada direcionados para o mesmo tipo de clientes) – Fig. nº 14.

Fig. nº 14: Fatores que influenciam os modos de entrada

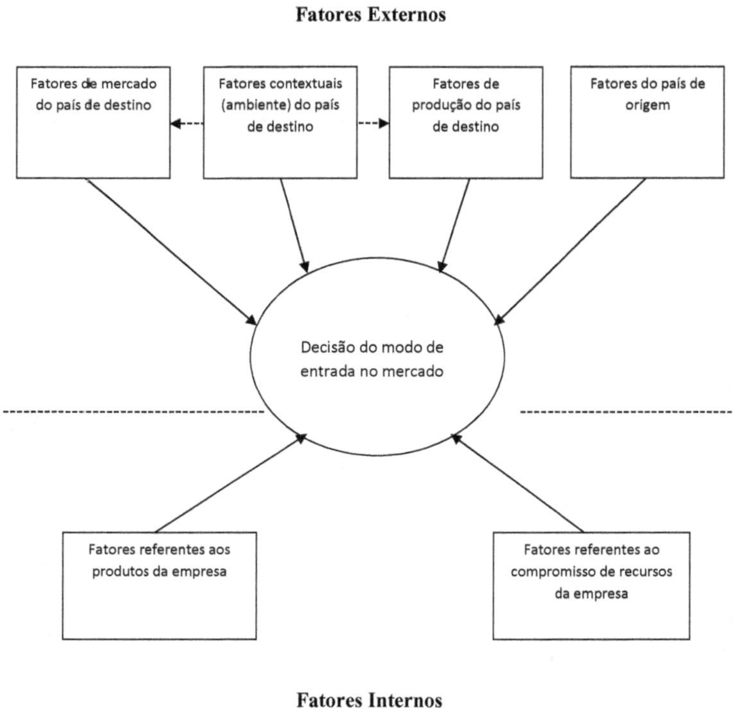

Fonte: Elaboração dos Autores

Numa tentativa de explicar os vários fatores que influenciam a escolha dos modos de entrada das empresas nos mercados internacionais, propõe-se um modelo onde são apresentados um conjunto de determinantes externos e internos à empresa.

Ao nível dos determinantes externos à empresa são apontados (1) os fatores de mercado do país de destino (dimensão do mercado, perfil dos consumidores e a estrutura do mercado e dos canais de comercialização/distribuição); (2) fatores contextuais (ambiente) do país de destino (características políticas, económicas e sociais do país; políticas governamentais nas áreas do comércio, investimento e relações externas; distância geográfica e cobertura do país em termos de transportes e comunicações; «distância cultural», em termos de diferenças ao nível da língua, cultura, história e estrutura social entre o país de origem e o país de destino); (3) fatores de produção do país de destino (qualidade, quantidade e custo das matérias primas, do trabalho, da energia e de outros fatores de produção); e (4) fatores do país de origem (situação económica e tipo de estrutura produtiva, dimensão e nível de competitividade do mercado, políticas governamentais ao nível da promoção das exportações e do investimento direto estrangeiro).

Quanto aos determinantes internos que influenciam a escolha dos modos de entrada, destaca-se (1) os fatores referentes aos produtos e tipo de oferta da empresa (grau de diferenciação, serviços de pré e pós-venda associados e nível de adaptabilidade às características da procura nos mercados) e (2) os fatores referentes ao compromisso de recursos da própria empresa – uma empresa com vastos recursos em termos financeiros, tecnológicos, produtivos, humanos, marketing e de gestão poderá utilizar diversos modos de entrada em mercados internacionais, ao contrário do que se verifica com uma empresa com recursos limitados que apenas poderá utilizar modos de entrada que envolvam reduzidos compromissos de recursos.

A partir do momento em que a empresa inicia as suas operações internacionais vai poder mudar os seus modos de entrada, em função de alterações que se venham a verificar ao nível dos fatores internos e externos à empresa, e tendo presente que quanto maior for a afetação de recursos ao desenvolvimento internacional maior será a variedade de modos de entrada à disposição dos gestores das empresas.

Mudanças ao nível dos fatores internos, nomeadamente um aumento do compromisso da empresa com os mercados externos, constituem um dos principais determinantes da evolução da sua estratégia de internacionalização. As alterações nos fatores externos no país de destino podem também obrigar a alterações nos modos de entrada, pelo que é vital que a empresa acompanhe de forma continuada os fatores externos no país de destino e esteja preparada para rever o seu modo de entrada a fim de sustentar ou alargar a sua posição no mercado.

Lasserre (2003) apresenta um modelo de fatores determinantes dos modos de entrada das empresas em mercados internacionais com algumas semelhanças em relação ao modelo proposto, mas chamando também a atenção para o fator «tempo», relacionado com o momento de entrada em determinado mercado.

Para Lasserre (2003) o momento de entrada está relacionado com o tipo de risco que a empresa está disposta a correr e com as características e contingências da «janela de oportunidade» de negócio que se abriu num determinado mercado. Neste contexto, o referido autor identificou quatro fases ou momentos em que empresa pode iniciar operações num mercado externo específico – «fase prematura», «fase de oportunidade», «fase de crescimento competitivo» e «fase madura».

Na «fase prematura», um significativo investimento da empresa no mercado poderá não gerar níveis de rentabilidade sustentáveis devido à falta de poder de compra dos consumidores ou à ausência de procura para o produto ou serviço oferecido pela empresa. Esta fase está muitas vezes associada ao período inicial de abordagem de alguns países em vias de desenvolvimento ou à falta de enquadramento de determinado serviço ou produto ao tipo de procura existente em alguns mercados externos. De acordo com Lasserre (2003), apesar de o investimento ser um modo de entrada muitas vezes utilizado nesta fase pelas empresas, sugere-se uma abordagem envolvendo menores recursos e riscos (escritório de representação ou acordos com agentes e distribuidores).

A «fase de oportunidade» surge quando se verifica uma maior abertura ao exterior de determinado mercado ou quando se inicia um período de forte crescimento económico, não existindo ainda um contexto competitivo e concorrencial devidamente estabilizado. Nesta fase, algumas empresas seguem uma estratégia de rápida penetração nestes mercados, utilizando diferentes modos de entrada e beneficiando das vantagens, mas também das desvantagens, de serem os primeiros a chegar e a estabelecerem-se («vantagem de ser o primeiro»).

Na «fase de crescimento competitivo» alguns concorrentes já estão instalados no mercado e verifica-se uma forte disputa pela conquista de posições e de quotas de mercado. Nesta altura, a entrada de uma empresa no mercado requer recursos significativos ou uma estratégia competitiva bastante diferenciada. Uma forma de ultrapassar as desvantagens de uma chegada tardia a um determinado mercado («retardatários») poderá passar pela aquisição ou estabelecimento de parcerias com empresas locais.

Na «fase madura» a concorrência já está bem instalada e a aquisição ou realização de um investimento direto, com uma oferta de um produto ou serviço bastante inovador, poderão constituir as únicas formas de entrada que garantam a competitividade e a presença da empresa no mercado.

Em síntese, a escolha do modo de entrada ou a mudança de modo de entrada em mercados internacionais é um assunto estratégico e complexo para as empresas, não existindo uma fórmula ótima, única e mais apropriada que possa ser globalmente aplicada nos processos de entrada e de expansão internacional.

Quando uma empresa decide iniciar a sua atividade internacional deve considerar o risco que está disponível a assumir, o tipo de controlo que pretende assegurar e os recursos que deverá mobilizar para gerir as relações que a este nível se estabelecem entre riscos e controlo (Fig. nº 15). Ou seja, modos de entrada que envolvam maiores recursos têm associados níveis de controlo e riscos superiores e vice-versa.

Fig. nº 15: Modos de entrada: riscos, recursos e controlo

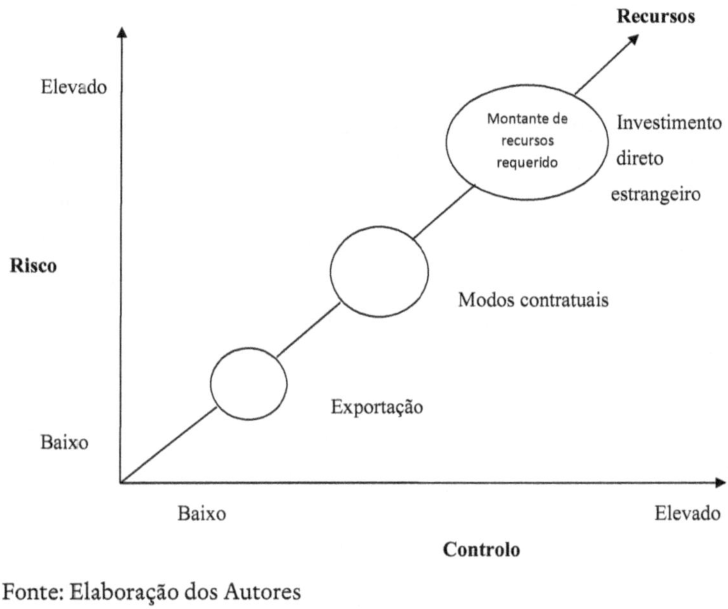

Fonte: Elaboração dos Autores

Para cada situação existe uma enorme variedade de modos de entrada, ou de combinações de modos de entrada, sendo as escolhas difíceis e exigentes face às informações disponíveis ao nível da empresa e às relações existentes com outras decisões da estratégia de internacionalização, nomeadamente em que mercados entrar ou expandir as atividades ou qual a melhor relação produto/serviço. Por isso, considera-se mais apropriado perspetivar os modos de entrada como um processo no contexto de diversas situações de mercado, mais do que como um ato singular, e um processo no qual uma empresa que decida entrar ou expandir-se não tem o controlo total da operação e em que no final o resultado pode vir a ser muito diferente daquele que inicialmente estava previsto.

Capítulo 5
«Externalização»: Chegou a Hora da Internacionalização

A especialização é algo que há décadas tem vindo a ser o foco de muitos especialistas económicos, sendo mesmo transmitido por Jack Welch - ex-CEO da General Electric - e por Hamel e Prahlad (1995) enquanto algo que urge no contexto empresarial como forma de diferenciação para algumas economias na obtenção de vantagens competitivas que lhes permitam disputar nichos de mercado num âmbito internacional.

Neste contexto, a «Externalização» deve ser tida em consideração como forma de enriquecer Portugal, aclamando a tão desejada internacionalização das empresas portuguesas proclamada pelos nossos governantes, isto porque são inúmeras as vantagens que temos na adoção deste caminho estratégico.

Ainda que indicadores negativos como a falta de rapidez na justiça e a baixa qualificação de recursos humanos acima dos trinta e cinco anos tenham um peso significativo no momento da comparação (o que pode ser visto como um entrave ao desenvolvimento nesta área), as suas vantagens são em larga medida sobrepostas a estes dois fatores se tivermos em consideração as competências a nível linguístico e de tecnologias de informação, a qualificação dos recursos humanos abaixo dos trinta e cinco anos, a proximidade cultural com os grandes clientes de «externalização» a nível Europeu, a subida dos índices de competitividade na Europa, o investimento em I&D e o próprio desenvolvimento em infraestruturas de comunicação em banda larga que se têm vindo a realizar. Ou seja, são tudo pontos fortes que contam a favor de Portugal e que podem consistir, a prazo, a que nos possamos demarcar e vir a representar um destino competitivo para prestação de serviços de «externalização», tornando-nos mais atrativos para o investimento e para a localização de centros internacionais de competências nesta área.

Estando os pontos fortes e fracos de Portugal identificados face à concorrência, o passo seguinte será o de se especializar e de se afirmar como um dos destinos e centro de competências de «externalização» a nível internacional, e são inúmeras as oportunidades nesta área da «externalização de processos de negócio», estejam elas ligadas ao ramo de marketing, contabilidade, tecnologias informáticas, logística, recursos humanos, ou quaisquer outras que possam parecer interessantes do ponto de vista de investimento – ver Fig. nº 16.

Fig. nº 16: Identificação de Oportunidades de Especialização no Domínio do Outsourcing

Fonte: Elaboração dos Autores

Mas aqui é necessário salientar outro fator. É que ainda que a falta de especialização explique, em parte, a dificuldade em disputar nichos de mercado num âmbito internacional (embora este facto não seja refletido no crescimento do sector quando comparado com os nossos parceiros europeus), isto não explica por si só as grandes diferenças existentes na riqueza produzida pelo sector quando comparado com esses mesmos parceiros europeus, o que se deve essencialmente ao sector público com uma taxa de utilização baixíssima deste tipo de serviços quando comparada com a maioria dos países europeus, o que se reproduz no que é hoje Portugal, ou seja, no país com a segunda maior despesa pública europeia, suportando custos altíssimos que o recurso à «externalização» poderia eventualmente resolver.

Portugal é um dos países da OCDE com menor taxa de utilização de serviços de «externalização» no sector público, muito longe das proporções deste fator em países como os EUA, a Inglaterra, a Noruega, a Suíça e a Suécia, consistindo esta situação num dos principais fatores críticos de sucesso a ter em linha de conta pelo governo português, não só para o desenvolvimento do sector em termos nacionais, como pela representatividade que este modelo de gestão pode consistir na redução da despesa e do défice publico.

Mas será que a implementação de algo do género envolve riscos? Como qualquer processo de mudança também este envolve riscos que terão de ser resolvidos com uma criteriosa coordenação de recursos e competências, ainda que estes sejam mínimos se comparados com a redução de custos, melhoria de qualidade, aumento de transparência, melhoria no planeamento de custos e maior flexibilidade, que a integração deste processo pode trazer para o contexto empresarial público.

Obviamente que algo do género significa transferir para o «contratado» recursos internos, e isto à luz da legislação portuguesa em vigor é algo praticamente impossível, pois teria de envolver um modelo de contratualização que englobasse não apenas os processos, mas também as pessoas. Ainda assim, isto por si só não tem de significar um fim redutor, significando tão simplesmente a necessidade de que sejam elaborados estudos e novas aproximações do sector público para o privado, por forma a movimentar pessoas e recursos sem que existam perdas de determinadas condições ou regalias que eventualmente possam ter sido conquistadas, aumentando os níveis de eficiência, reduzindo os custos e tudo isto sem reduzir os níveis de emprego.

Um exemplo de sucesso pode ser destacado em Inglaterra. Este país externaliza cerca de 80% dos seus serviços, apostando fortemente na externalização de serviços na área informática nos últimos 20 anos, com base em parcerias estabelecidas com o sector privado, criando não só «empreendimentos conjuntos», como empresas de raiz, sendo que qualquer destas parcerias permite aos seus governantes aproveitar a inovação e criatividade do sector privado, ficando este com a responsabilidade de contratação, investimento e desenho sobre a forma como os serviços irão ser fornecidos e o estado com a tarefa de monitorização e controlo e com a responsabilidade do pagamento anual pelos serviços prestados, o que permite ao país diminuir o investimento, reduzir custos e gerar eficiência.

Ou seja, quer através do sector público ou privado, o importante aqui é trabalhar em conjunto para capitalizar as vantagens do país e melhorar as desvantagens, ajudar o sector a ganhar massa crítica e, simultaneamente, potenciar a criação de postos de trabalho e o desenvolvimento da riqueza para um Portugal melhor e mais competitivo a nível internacional.

Capítulo 6
As Quatro Dinâmicas de Abrangência na Resposta à Crise Portuguesa

6.1. O Enquadramento Português

O enquadramento do caso português obviamente deve ser lido à luz das diferentes formas e dinâmicas do processo de internacionalização, até porque iniciar uma política de atividade fiscalizada em processos de internacionalização continua a ser vista por muitos como um meio para tentar resolver a crise económica, financeira e, agora, também social, com que o país se tem confrontado fundamentalmente nos últimos cinco anos.

Antes, porém, a resolução do problema português é parte de um problema muito maior, nomeadamente o de tentar resolver um problema europeu que tem dado nos últimos tempos indícios de grande descontrolo, fazendo agravar as crises de muitos países.

Em boa verdade, a ideia de uma Europa unida já existe há longas décadas. Já em 1942, o primeiro-ministro britânico Winston Churchill, tal como muitos políticos nesta fase, tinham em mente a ideia de uma europa unida, ainda que essas ideias fossem esboçadas em pontos de encontro e em discussões inconclusivas, aquilo que aliás o «Conselho da Europa» se viria a tornar, e assim tem permanecido até aos dias de hoje.

Uma união verdadeiramente europeia pode ser, por isso, caraterizada por uma mera ilusão, que ainda que bem-intencionada, não basta para explicar o benefício económico mútuo que deveria representar para os seus estados-membros a partir dos seus acordos formais concretizados ao longo da história, iniciados na década de 1950 com o tratado de Roma em 1957 até ao tratado de Lisboa, que entrou em vigor em dezembro de 2009.

É importante que se refira que o problema europeu esteve sempre muito além destas questões de modernização e consumo. Em boa verdade, se estudarmos a história da Europa desde as décadas do pós-guerra, pensar a Europa significa olhar para o ocidente, isto porque a cooperação com os vizinhos pobres a leste e a sul foi sempre tida como algo a evitar, pois na maior parte dos casos resulta na ausência de qualquer benefício material.

Existem por isso muitas europas, todas com pretensão legítima ao trono, mas nenhuma com monopólio, umas que se conhecem e outras que se querem tornar conhecidas, umas com membros respeitáveis e íntegros, e outras com um conjunto de parentes pobres, embaraçosos, algo aborrecidos e sempre incómodos. Ou seja, ainda que se saliente que determinados países europeus têm tido desenvolvimentos notáveis, jamais se poderá considerar ou ter a pretensão que um dia poderemos vir a ter uma «europeidade central», pois esta ideia é, na melhor das hipóteses, nostálgica, e, na pior, uma farsa.

Ou seja, a Europa é um conceito demasiado grande e nebuloso para que se possa construir à sua volta uma comunidade humana convincente, fundamentalmente ligada à unidade nacional histórica da identidade com a sua própria nação, o que se reproduz numa faixa enorme de população idosa, frustrada, entediada, improdutiva e que pode e já está a resultar, em alguns casos, numa imensa crise social.

A produção, o comércio e as finanças europeias estão hoje organizadas globalmente. No entanto, a importância crescente da perda do papel da família, da igreja, dos partidos políticos ou dos sindicatos e, a pressão crescente sobre os governos para reduzir os benefícios adquiridos pelos cidadãos ao longo dos anos em termos de segurança social, solidariedade, entre outros, sem que se tenha em conta a história intrínseca de determinados países, leva irremediavelmente à desagregação inevitável dos diferentes países que a constituem. O resultado é uma Europa cada vez mais fechada, cujos critérios macroeconómicos ou se conjugam pelos definidos pela Alemanha, ou dificilmente poderá ser constituído um governo Europeu capaz de dominar os mercados.

6.2. As Teorias Económicas

Nas últimas décadas temos assistido a um considerável avanço no que ao estudo das teorias económicas de internacionalização diz respeito. A um nível meso este avanço tem sido assim explicado fundamentalmente a partir de quatro âmbitos de análise: num âmbito de investigação relativo ao investimento direto estrangeiro (Vernon, 1966, Hymer, 1976); numa ótica de localização e análise de alianças estratégicas e franquias, protagonizada por Aliber (1970) e sobretudo pelos estudos de Dunning e Lundan (2008); na observação de dados focalizados na análise de exportações e licenciamentos (Buckley & Casson, 1976); e numa ótica refletida nas vantagens e desvantagens da internalização/externalização das mais variadas atividades empresariais (Buckely & Casson, 2010).

Pode observar-se, portanto, que têm sido várias as teorias económicas de internacionalização criadas por diferentes autores para explicar esta temática, quer sejam estas explicadas a partir da sua agregação macroeconomia, quer pelas próprias influências comportamentais que enfatizam os problemas associados com a aprendizagem, o comprometimento e os aspetos culturais da internacionalização no seu processo gradual de aprendizagem.

Ou seja, por mais que historicamente se construam teorias para explicar a história dos negócios internacionais no tempo e no espaço, qualquer processo de internacionalização deve sempre identificar as principais modalidades de entrada no estrangeiro, restringindo as opções de internacionalização das empresas em função de enquadramentos legais, dificuldades de penetração nos canais, reconhecimento da marca, historial passado de internacionalização, análise de modalidades de internacionalização para fazer face aos competidores estrangeiros, variações cambiais, instabilidades políticas, diferenças culturais, do imperativo da defesa da marca, da proteção da tecnologia própria, da necessidade de garantia de qualidade, da maior ou menor possibilidade de transferência das operações para o estrangeiro, da especificidade dos produtos, dos custos de penetração, da competitividade dos produtos nesses mercados, da dimensão requerida para alcançar economias de escala, da quantidade e capacidade dos recursos da empresa, da dimensão e natureza dos produtos, do nível tecnológico e da própria intensidade de investimento requerido.

A partir destas modalidades facilmente se conseguem detetar custos e riscos inerentes a um processo desta natureza, ainda que antes de se equacionar custos e riscos se deva ter clara também a perceção sobre os benefícios que podem ser gerados através da procura de novos recursos, mercados, eficiência e ativos (Dunning e Lundan, 2008), podendo estes estar relacionados com o aproveitamento das competências centrais nos fatores críticos de sucesso de um negócio em mercados externos semelhantes aos internos, que permita às empresas alcançarem uma forte competitividade internacional, com as economias de localização que se possam obter (pois se os benefícios da localização das atividades comerciais ou produtivas no estrangeiro forem superiores aos seus custos e riscos, é preferível enveredar pelo investimento direto ou projetos em detrimento das transações) e com aspetos relacionados com um maior volume de produção e de vendas que possibilite não só a repartição dos custos totais, como também avanços na curva de experiência, reduzindo assim os custos unitários (Buckely & Casson, 2010).

Em suma, a existência de longo prazo de empresas globais depende sempre de fatores de controlo sobre ativos e vantagens e da capacidade destas em gerir uma rede internacional ativa e segurá-la por longos períodos de tempo. Mas isto acima de tudo requer também uma equipa qualificada e a capacidade em reter um conjunto de competências-chave ao longo dos tempos, superando assim «o efeito de *Penrose*» e tarefas traduzidas pelos fatores extensão, crescimento e diversificação (Buckley & Casson 2007). Mas para que isto possa ser absorvido, a gestão global aqui descrita requer aprendizagem, custos de formação avultados e aculturação, fatores que só podem ser conseguidos a partir de equipas de gestão multinacionais.

Num âmbito investigatório foi por isso pertinente para os autores relacionar o contexto económico português num enquadramento focalizado nas dinâmicas e formas possíveis de internacionalização e, numa base de análise mais alargada, aferir um conjunto de variáveis/fatores que deverão estar na base do desenvolvimento da economia portuguesa.

Assim, com base na análise de 17 entrevistas a consultores seniores com grande experiência em trabalhos realizados em território nacional e internacional, tentou-se perceber as dinâmicas e formas de internacionalização consideradas mais importantes para a revitalização da economia portuguesa, as razões consideradas mais importantes pelos inquiridos para a fraca dinâmica da economia portuguesa e os fatores considerados como base pelos inquiridos para o futuro desenvolvimento da economia portuguesa.

De facto, o que se conseguiu aferir através desta investigação é que a revitalização da economia portuguesa pode ser conseguida através de uma maior procura por mercados alternativos, de uma maior capacidade para obtenção de investimento externo e, fundamentalmente, pela introdução de novas dinâmicas e formas de internacionalização. Ou seja, as dinâmicas de internacionalização das PME ligadas a outros fatores de gestão interna nacional que poderão permitir desenvolver a economia no futuro, assentam nesta investigação em algo de profundo, não se limitando apenas a questões obrigatórias, pois engloba um estudo profundo do universo nacional e daquilo que este necessita otimizar em termos de processos para obtenção de resultados satisfatórios.

Pelo que se pode constatar, o desenvolvimento da economia nacional deverá estar fortemente ligado ao contexto de competitividade das empresas, independentemente das suas áreas de intervenção, e de manobras estratégicas importantes nomeadamente no continente asiático que potenciem as condições históricas que Portugal goza nestes mercados face à história do próprio país.

A procura por mercados alternativos, a captação de investimento externo e, fundamentalmente, a utilização de novas formas e dinâmicas de internacionalização, ligadas essencialmente à redução de custos conjunturais, a uma melhor gestão do crédito e do capital, a uma efetiva ligação das empresas ao contexto universitário e à utilização da diplomacia económica como forma de diversificação dos nossos mercados, assumem neste domínio um lugar de destaque.

Variáveis como a falta de aposta nos licenciamentos, no investimento na energia, na aposta da fiscalidade como estimulo ao desenvolvimento, inexistência de pré-financiamentos e financiamentos à exportação, inexistência de fazer face à baixa relação entre capitais próprios e investimento das empresas, inexistência de linhas de crédito do estado para dinamizar a economia, o QREN e a inexistência de seguros de crédito alicerçados ao pré-financiamento das empresas, são desde logo algumas das razões apontadas pelos inquiridos para a fraca dinâmica da economia portuguesa.

Por outro lado, a intervenção estatal deve trazer para este contexto o fator novidade e, dependendo dos objetivos, trazer também novas ideias de modo a que possam ser apresentadas as melhores soluções face às necessidades identificadas, o que segundo os inquiridos deverá passar por iniciar negociações estado a estado, por um maior apoio às empresas, existência de negócios estrangeiros na Europa e aposta numa maior diplomacia como forma de diversificação de mercados para exportação dos produtos e serviços nacionais.

Por outro lado, sendo que a turbulência económica e empresarial assumiu nos últimos vinte anos pressupostos nunca vistos, até porque nos dias de hoje as especificidades de negócio são muitas, foi manifestamente reproduzido pelos inquiridos a necessidade das empresas portuguesas concorrerem pela qualidade através da venda de produtos e serviços de valor acrescentado e de uma boa escolha de parceiros locais que facilitem a entrada das nossas empresas em países estrangeiros, ficando ainda evidente que as exportações são a única forma viável para alancar o país, ainda que isso apenas seja possível através da constituição de um Banco de Fomento para apoio às PME e da concretização de coberturas de risco ao credito da venda e dos fornecedores às empresas portuguesas.

Conhecer o negócio, fazer uma boa leitura dos problemas, definir bons planos de ação, focalizar nos objetivos e centrar as exportações nos serviços e numa base mais alargada de exploração que não se foque apenas na proximidade geográfica como hoje acontece, são assim considerados também como fatores chave de mudança da economia portuguesa.

Numa base mais alargada em termos do âmbito de análise, ligada não apenas à questão das dinâmicas e formas de internacionalização, os inquiridos consideraram vários fatores que poderão estar na base do desenvolvimento da economia portuguesa, apesar de muitos destes não serem de fácil implementação e estarem envoltos numa certa base de controvérsia face a uma eventual implementação.

(1) Aumento das exportações.
(2) Redução das ineficiências e desperdícios.
(3) Sair do EURO. Como mencionado por diversos inquiridos, este é o cenário mais provável apesar das visões otimistas, pois Portugal nem sequer conseguiu até agora pagar o que lhe foi emprestado nos últimos três anos.
(4) Ouvir as empresas, sendo esta uma questão de base. O que precisam para ter melhores resultados.
(5) Aumento do capital do Banco Europeu de Investimento, embora neste caso esta medida não beneficie o país em virtude de termos um *rating* de lixo.
(6) Plano de ataque à economia paralela.
(7) Acesso a linhas de crédito ao investimento com taxas de juro mais baixas.
(8) Aposta nos setores da agricultura e pesca sem barreiras e restrições governamentais e europeístas.
(9) Adesão ao regime de IVA adquirido pelo adquirente fazendo com que as empresas deixem de se preocupar com o IVA e se possam focalizar no crescimento.

(10) Reduzir custos com o endividamento público.

(11) Transformar a moeda única em moeda comum ou sair do EURO, suportando os custos como forma de privilegiar uma perspetiva de futuro. Um dos inquiridos deu como exemplo o da Islândia que saiu do EURO e conseguiu estar a crescer ao fim de apenas dois anos. Esta é também considerada a forma de fazer face à sobrevalorização do EURO (moeda), estando esta valorizada em cerca de 40% face àquilo que deveria servir como ponto de equilíbrio e que torna a situação insustentável.

(12) Existência de estabilidade fiscal ou da existência de um certo grau de previsibilidade fiscal por forma a captar investimento direto estrangeiro e a entrada de *holdings* em território nacional.

(13) Libertação dos bancos da ligação estreita que têm à dívida pública nacional por forma a gerar maiores níveis de liquidez e poderem desta forma injetar capital na economia através de empréstimos em condições vantajosas para as empresas privadas.

(14) Induzir o consumo através dos quatro milhões de emigrantes. Neste caso, baixando o IMT para fazer com que esses emigrantes voltem a investir no país, fundamentalmente na área da construção civil.

(15) Deixar de franquiar as empresas por parte do Ministério das Finanças. Hoje, para obtenção de financiamento bancário, as empresas necessitam de uma certidão das finanças a mencionar a não existência de dívidas, o que faz com que os bancos na ausência dessa certidão pratiquem *spreads* absurdos. Neste caso, segundo um dos inquiridos, podia existir uma situação excecional para os próximos quatro anos possibilitando o acesso ao crédito de forma mais

facilitada, o que lhes permitirão crescer e fundamentalmente pagar dívidas.

(16) Redução dos custos energéticos, das mais altos da UE.

(17) Existência de instrumentos de controlo de gestão como o *balanced scorecard* que permitam focar o controlo também na vertente intangível de análise e não apenas em questões orçamentais.

(18) Baixar a taxa social única.

(19) Existência de programas de subsidiação por parte do Estado, controlada através de uma comissão avaliadora ligada aos polos universitários, podendo avaliar e aferir a possibilidade de injeção destes capitais na economia.

(20) Baixar o IVA.

(21) Baixar o IRC em 10% para empresas que exportem.

(22) Reabilitação urbana. A ocupação da via pública demora atualmente um mês a ser conseguida, sendo que os licenciamentos não têm prazo. Neste caso deverão existir mínimos de tempo para obtenção de respostas.

(23) Deve ser criado um programa de auditoria às empresas de forma a aferir os pontos a serem melhorados.

(24) Deve-se baixar em uma hora o tempo de trabalho por pessoa com a consequente divisão salarial relacionada, permitindo neste caso recrutar muitos dos licenciados que se encontram neste momento desempregados.

(25) Fomentar o trabalho a tempo parcial permitindo uma redução significativa da taxa de desemprego.

Como verificado atrás, o alargamento da Europa e principalmente a exposição das dívidas públicas de alguns países europeus aos mercados em 2008, vieram iniciar uma nova fase problemática na história da Europa, fazendo agravar as crises da Itália, Grécia, Espanha, da própria França (que se viu obrigada inclusive a reduzir em 20% os vencimentos das pessoas) e, fundamentalmente, de Portugal, neste caso abrangendo pessoas e empresas como um todo.

É nesta medida que os resultados desta investigação vieram tentar responder a esta problemática, fundamentalmente na tentativa de responder ao problema português em quatro dinâmicas de abrangência – Fig. nº 17.

Fig. nº 17: As quatro dinâmicas de abrangência como resposta à crise portuguesa

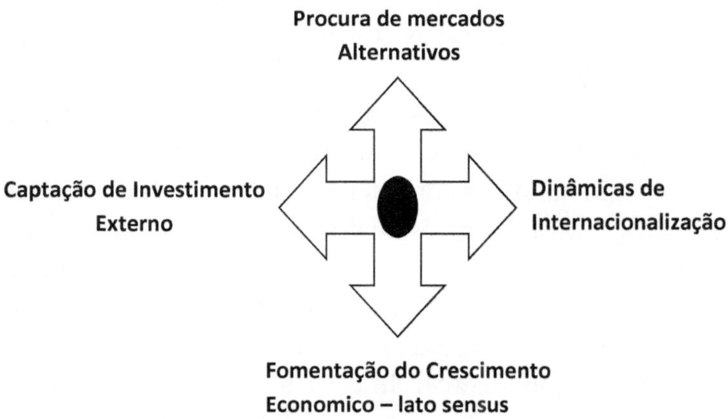

Fonte: Elaboração dos Autores

Como verificado através da literatura, o problema português é parte de um problema muito maior, o europeu. Muito embora diversos tipos de reformas tenham tentado resolver a crise portuguesa, é importante que se perceba que o problema português só será verdadeiramente resolvido após a resolução do problema Europeu, pois só assim poderíamos ficar numa situação clara de reforma, até porque gozamos de um estatuto que muitos países Europeus não detêm, o de usufruirmos em várias partes do mundo da condição de sermos uma potência histórica, nomeadamente na Ásia, tendo por isso a capacidade de fazer a ligação europeia a este mundo emergente. Neste pressuposto, boas opções e uma boa gestão de consensos culturais, políticos e sociais são, por isso, fatores chave de sucesso podendo fazer com que o país possa inclusive sair desta crise muito mais forte.

No entanto, até que essa situação se possa vir a colocar, é essencial o foco nas quatro dinâmicas de abrangência da figura atrás referenciada, tendo Portugal de acompanhar uma linha clara de procura em termos de mercados alternativos, a captação de investimento externo, a utilização de dinâmicas de internacionalização e um conjunto de linhas estratégicas que permitam fomentar o seu crescimento económico.

As formas de internacionalização ganham por isso nesse contexto uma importância vital, devendo Portugal concentrar-se fundamentalmente ao nível de quatro linhas estratégicas: (1) minimizar os custos contextuais e aposta na exportação, (2) potenciar uma melhor gestão de crédito e de capital, (3) uma maior ligação das PME ao contexto universitário e (4) uma clara diplomacia económica que permita potenciar a componente da internacionalização como forma de criação de valor e crescimento sólido do país.

O tecido empresarial português é composto por 99% de pequenas e médias empresas, estando estas na base do fraco desenvolvimento do país, fundamentalmente pelo facto de o país nunca ter conseguido tornar-se competitivo após a integração na união económica europeia. Após termos ganhado competitividade ao longo de anos através da possibilidade de desvalorização do escudo face a outro tipo de moedas, o foco deveria ter incidido sobre a vertente das exportações, e é exatamente aqui que tem residido um dos problemas da nossa economia. Ou seja, se excluirmos a inexistência total da aposta em licenciamentos, a indústria da energia e o aproveitamento da fiscalidade como estímulo ao desenvolvimento, um dos principais problemas com que nos vimos confrontados foi o de incidirmos fundamentalmente o nosso índice de exportações numa lógica de proximidade.

Apesar de termos reduzido o nosso índice de exportações para a Europa em cerca de 8% desde 2000, o que é um fator positivo face ao contexto de crise no espaço europeu, a verdade é que concentramos o nosso índice de exportações numa base de proximidade (só para Espanha são mais de 20% das exportações portuguesas) e concentrados no setor têxtil, de calçado, automóvel, mobiliário e equipamentos.

Abrangência de mercados para aumento do índice de exportações, centrar estas mesmas exportações nos serviços, uma maior facilidade de financiamento às PME e, inclusive, o subsidiar destas mesmas empresas tornam, por isso, as exportações como a única via viável para o desenvolvimento e alavancamento de Portugal no contexto económico mundial.

No entanto, a viabilidade do aumento das exportações por parte das PME será impossível sem o pré-financiamento e financiamento às exportações e a necessidade de capitalização destas. A existência de linhas de crédito estatais, a utilização do QREN e, sobretudo, algo que não tem sido manifestamente o foco de muitas análises, nomeadamente a cobertura do risco de crédito da venda e a cobertura do crédito dos fornecedores às empresas portuguesas, ganham neste domínio um lugar de destaque. Com o comércio internacional a rondar valores muito próximos dos 15 triliões de euros, mais importante que vender muitas vezes é receber. É neste sentido que a cobertura do risco de crédito deve ser considerada de forma muito mais efetiva, o que não tem acontecido atualmente, sendo que o seguro sobre o crédito representa apenas cerca de 10% das exportações portuguesas e mundiais.

Ou seja, a utilidade da existência de uma instituição de fomento em Portugal que apoie claramente as PME não deve existir apenas para centralizar o apoio a estas empresas, cobrindo as suas necessidades, mas sobretudo e também, para privilegiar a cobertura do risco do crédito caso as coisas corram mal.

Por outro lado, é utópico pensar que será pela redução de salários que nos tornaremos competitivos, até porque neste domínio jamais o conseguiremos ser face a alguns países. A necessidade de Portugal concorrer pela qualidade torna-se assim um aspeto fulcral do seu desenvolvimento, o que vem sendo limitado pelos cortes consecutivos que se têm vindo a realizar fundamentalmente no domínio do desenvolvimento de projetos ligados ao desenvolvimento tecnológico.

A ligação das universidades ao contexto empresarial é, por isso, um fator crucial, sendo que a questão da qualidade está estritamente ligada a estas, pois além da extraordinária preparação que as universidades detêm em termos de recursos e competências para preparar os empresários para o previsto, têm a capacidade de os preparar para algo mais abrangente, o imprevisto.

A indústria do calçado tem sido um ótimo exemplo das vantagens que podem ser absorvidas por esta ligação, tendo Portugal neste domínio tido desempenhos muito razoáveis.

Em termos de caracterização do mundo do calçado, o mundo produz dezenas de mil milhões de sapatos por ano, sendo que o continente asiático constitui mais de 80% desse volume. Só a título de exemplo, para que se consiga aferir o domínio asiático no mundo, em termos tecnológicos a China produz e exporta mais do que a Alemanha e EUA juntos.

No setor dos têxteis, a China exporta mais têxteis do que o PIB português. Na indústria do calçado a hegemonia asiática deixa apenas para a Europa Ocidental 3% da produção mundial. Estes são apenas alguns exemplos da consequência da exploração de economias de escala por parte da economia asiática, o que no setor do calçado se traduz num preço médio de venda por parte dos chineses de 3 dólares e de Portugal de valores a rondar os 25 dólares, algo que deixa o setor do calçado português numa clara dificuldade em termos de capacidade competitiva.

Esta dificuldade, tal como na generalidade dos setores, fez com que o setor do calçado em termos de exportação numa primeira fase se direcionasse para mercados de proximidade e, numa segunda, direcionasse o seu produto para mercados com um *target* alto, competindo pela especialização ou *focus* pela diferenciação nas 10 principais cidades da América do Sul, nas 14 principais cidades da China e na Europa como um todo, visto que os seus 250 milhões de habitantes se podem posicionar neste *target*, mostrando um comportamento ótimo em termos de desempenho com a escolha deste posicionamento estratégico.

Mas se a ligação às universidades tem aqui um papel fundamental, não podemos, no entanto, negligenciar a necessidade de uma aposta mais efetiva na diplomacia económica. Negociação estado a estado, apoio às empresas, ter negócios estrangeiros ao invés de estarmos apenas presentes no estrangeiro com o ministério das finanças e diplomacia como forma de diversificação de mercados são por isso apostas de futuro, olhando para países que nos possam potenciar em termos de desenvolvimento da nossa economia.

Neste domínio, existem países que, apesar de no passado terem enfrentado algum tipo de instabilidade, de terem passado por longas guerras civis e de existirem ainda algumas guerras palacianas, são áreas muito importantes onde podemos apostar, até pelo facto de gozarmos de um grande respeito por parte destas comunidades. Países como Angola, Moçambique, Zâmbia e toda a África Austral, ricos em energia, gás natural, carvão e outros diversos tipos de minérios, são por isso países principais para o fenómeno de internacionalização das empresas portuguesas. Uma boa relação diplomática e a escolha de um parceiro global que permita facilitar a entrada nestes países devido ao conhecimento que têm destes países, da sua história, da sua estrutura de decisão (poder aparente *vs.* real) e de eventuais relações políticas que possam usufruir junto das classes políticas são aspetos cruciais a reter em termos de aposta.

A diplomacia económica em África, mas também no Brasil, nos mercados asiáticos, nos EUA (crescer 0,25 % nos EUA é mais importante, por exemplo, do que crescer 6% em África) ou até mesmo nos mercados do Golfo Pérsico, apesar das dificuldades que se possam enfrentar, é a forma mais sólida de crescer e vender produtos com mais valor acrescentado, possibilitando como consequência remunerar pessoas convenientemente e gerar emprego.

Em suma, o crescimento económico do país deve por isso ficar ligado às quatro dinâmicas de internacionalização ilustradas atrás, que, para além dos dados aqui apresentados, deverão ter ainda um âmbito de análise mais alargado, nomeadamente quanto aos dados apresentados no capítulo dos resultados desta pesquisa: ao nível do aumento das exportações, redução de ineficiências e desperdícios, saída da moeda única suportando os custos no curto-prazo para prosperar no longo-prazo, auscultação das empresas em termos das suas necessidades, aumento de capital do Banco Europeu de Investimento, existência de um plano de ataque à economia paralela, acesso a linhas de crédito ao investimento com taxas de juro mais baixas, aposta na agricultura e pesca sem barreiras e restrições governamentais e europeístas, adesão ao regime de IVA adquirido pelo adquirente fazendo com que as empresas deixem de se preocupar com o IVA e se focalizem no crescimento, reduzir custos com endividamento público, existência de estabilidade fiscal como forma de captar o investimento direto estrangeiro, libertação dos bancos relativamente à dívida pública nacional como forma de lhes proporcionar liquidez e capacidade de injetar capital na economia, baixar impostos municipais para emigrantes para que possam investir em território nacional e fundamentalmente na área de construção civil, criação de situações excecionais de acesso ao crédito, possibilitar a redução de custos energéticos, existência de um controlo de gestão fundamentalmente focado nas dinâmicas intangíveis, redução da taxa social única (TSU), redução do imposto de valor acrescentado (IVA), redução do imposto de rendimento coletivo (IRC) em 10% para empresas que exportem, programas de subsidiação do Estado e reabilitação urbana, focada fundamentalmente na resposta rápida a pedidos de licenciamento, programas de auditoria, e redução do tempo de trabalho, estando por exemplo a última situação reproduzida na génese de base do processo reformatório alemão e que teve como consequência uma redução drástica na diminuição da taxa de desemprego deste país nos últimos tempos.

Algo que se pôde, no entanto, constatar no âmbito da internacionalização é que apesar dos inquiridos terem identificado um conjunto de quatro linhas estratégicas sobre as quais o país se deveria focalizar, na verdade parecem desconhecer as principais modalidades de entrada no estrangeiro identificadas no constructo teórico desta investigação, restringindo as opções de internacionalização das empresas em função de apenas alguns enquadramentos, sendo que as questões legais, dificuldades de penetração nos canais, reconhecimento da marca, historial passado de internacionalização, análise de modalidades de internacionalização para fazer face aos competidores estrangeiros, variações cambiais, instabilidades políticas, diferenças culturais, do imperativo da defesa da marca, da proteção da tecnologia própria, da necessidade de garantia de qualidade, da maior ou menor possibilidade de transferência das operações para o estrangeiro, da especificidade dos produtos, dos custos de penetração, da competitividade dos produtos nesses mercados, da dimensão requerida para alcançar economias de escala, da quantidade e capacidade dos recursos da empresa, da dimensão e natureza dos produtos, do nível tecnológico e da própria intensidade de investimento, devem ser enquadrados nesta dinâmica a fim de perceber quais deles serão os mais determinantes para um determinado contexto especifico, tal como mencionam Dunning (1980) e Buckely e Casson (1976).

Para concluir, obviamente que temos de ter em conta que as constatações apresentadas neste estudo resultam de limitações inerentes a uma investigação reduzida em termos de tamanho da amostra (inquiridos) e do fato de reproduzir resultados de um determinado contexto (PME) num determinado país (Portugal).

Neste sentido, em termos de validade externa, ou seja, da possibilidade de generalizar os resultados encontrados a outros contextos ou amostras, embora este estudo tenha vindo reforçar alguma da teoria já existente relativamente aos meios de aplicação das teorias económicas de internacionalização, este tratou-se apenas de um estudo exploratório que não pode ser generalizado ou representativo.

Assim, ainda que este estudo desse perspetivas de encarar a vertente futura no âmbito da internacionalização, é necessário continuar a penetrar neste tipo de estudos e perceber esta realidade, trazendo para o campo académico um volume considerável de informação que traga acima de tudo originalidade e contribua de forma concreta para o desenvolvimento deste campo de pesquisa.

Uma das formas de responder a este *gap* é através da extensão deste estudo a uma base mais profunda relativamente a todas estas matérias, a fim de que seja explorado o futuro de Portugal num enquadramento ligado às teorias económicas de internacionalização e às bases em que se deve fomentar o seu desenvolvimento, podendo futuras pesquisas incluir neste sentido a construção de um modelo que permita relacionar todas estas variáveis, a fim de que se consiga identificar quais delas são mais determinantes para o sucesso do país.

CONCLUSÃO

Nas últimas décadas a economia mundial caracterizou-se não só pelos avanços tecnológicos, mas também pelos fenómenos de globalização e integração, fruto de numerosos acordos de livre comércio, que obrigam as empresas a compreender melhor estes paradigmas comerciais para poderem formular estratégias coerentes e alcançarem o êxito, aproveitando as oportunidades daí resultantes.

Por um lado, a globalização implica que as empresas operem geralmente com custos relativamente baixos, como se o mundo inteiro ou as regiões mais importantes fossem uma só entidade. Este benefício resulta das vantagens oferecidas por um mercado alargado, ao possibilitar não só uma maior eficiência na utilização dos recursos, mas também melhores condições que estimulem a competitividade e levem a níveis de produtividade superiores. Por outro lado, a integração económica está orientada para a eliminação das barreiras económicas ao comércio de bens e serviços entre países, colocando maior pressão na capacidade competitiva das empresas, estimulando a inovação e a sustentabilidade tanto nos produtos e serviços como nos modelos de negócio. Neste contexto, o tema da internacionalização reveste-se, assim, de particular relevância nas práticas de gestão internacional, devido ao impacto extraordinário que decorre da importação massificada de artigos que exercem uma pressão competitiva, a qual pode destronar, com relativa facilidade, produtos nacionais elaborados com tecnologia inferior e/ou com preços menos competitivos.

Interessa, porém, referir que o fenómeno da internacionalização se reproduz a partir de um ênfase estratégico a que qualquer empresa deve estar conectada, sob forma de o propósito dessa mesma aposta de internacionalização não estar ligado ao plano estratégico dessa empresa. Neste contexto, propomos que se revisite a análise SWOT, entendida como um referencial para a tomada de decisão estratégica, cujo enfoque estratégico possa estar ligado essencialmente às políticas de internacionalização a adotar.

A SWOT consiste numa ferramenta estratégica que apresenta os pontos fortes (*Strengths*), os pontos fracos (*Weaknesses*), as oportunidades (*Opportunities*) e ameaças (*Threats*), com o intuito de auxiliar o processo de tomada de decisão com mais informação. A equipa de estratégia do ISCTE desenvolveu uma nova adaptação desta análise, criando a chamada SWOTi. Esta versão consiste na elaboração de um mapa baseado em pilares estratégicos, com o pressuposto de que a estratégia é planeada com base na dimensão de cada um destes pilares. Simultaneamente, esta ferramenta permite uma abordagem transversal sobre todos os caminhos estratégicos, funcionando como uma «lente» para avaliar a estratégia. Cada pilar estratégico será sempre definido de acordo com a organização, e toda a análise SWOT será enquadrada com os pilares estratégicos considerados, obrigando-nos a contextualizar a análise e a colocá-la em perspetiva. Nela, assume-se que estes pilares estratégicos estejam intrinsecamente ligados à aposta na internacionalização e a um conjunto de políticas e normas que a irão guiar.

Fig. n.º 18: SWOT Iscte

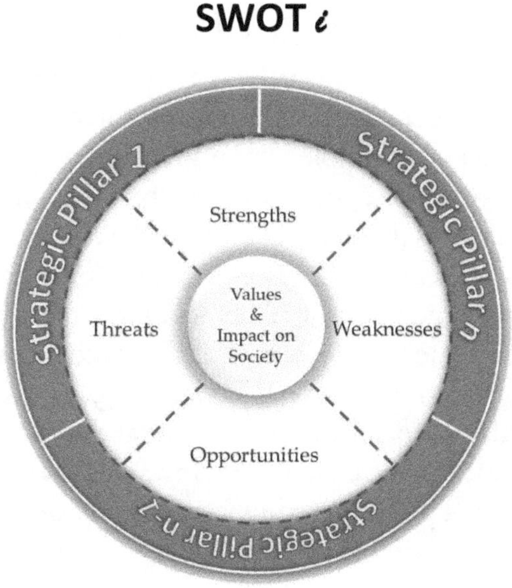

Fonte: Lopes da Costa *et al.* (2019)

Importa referir que a matriz SWOTi integra ainda a preocupação com o âmbito da sustentabilidade, uma vez que esta é uma questão cada vez mais relevante e presente na tomada de decisões de gestão. Isto acontece porque as organizações têm de estabelecer um quadro estratégico baseado em certos valores com preocupações ambientais, sociais e económicas. Em boa verdade, uma análise mais rigorosa no centro do seu modelo operacional deixou a ideia de que as decisões das empresas esquecem frequentemente estes valores, defendendo estas ações com a pressão exercida pelos mercados, o que não deveria acontecer quando passamos do pensamento à prática. Na SWOTi, os valores são colocados no centro da formulação estratégica, o que nos obriga a considerar práticas enquadradas no impacto positivo que as ações podem ter na sociedade, forçando estas duas variáveis a estarem sempre presentes na tomada de decisões.

Na SWOTi o centro são os valores e o impacto na sociedade, para que estas duas variáveis estejam sempre presentes nas tomadas de decisão. Quando, por exemplo, se analisam as ações que se podem implementar no sentido de tomar partido dos pontos fortes da empresa tendo em consideração as oportunidades do meio envolvente, deve-se sempre colocar as seguintes questões: (1) as ações estão de acordo com os valores da organização?; (2) as ações irão ter um impacto positivo em termos ambientais, sociais e económicos? Até que ponto as ações da empresa irão contribuir para um aumento da desigualdade social, ou para o acelerar das mudanças climáticas. Desta forma e em última instância, os gestores são os responsáveis pelas consequências das suas decisões e não os «mercados».

REFERÊNCIAS BIBLIOGRÁFICAS

Aliber, R. Z. (1970). «Speculation in the flexible exchange revisited». *Kyklos, 23*(2), 303–314.

António, N. (2006). *Estratégia Organizacional: do Posicionamento ao Movimento*. Portugal: Sílabo.

Buckley, P. J., Casson, M. (1976). «A long-run theory of the multinational enterprise». In *The future of the multinational enterprise* (pp. 32–65). Londres: Palgrave Macmillan.

Buckley, P. J., Casson, M. (2007). «Edith Penrose's theory of the growth of the firm and the strategic management of multinational enterprises». *Management International Review*, 47(2), 151–173.

Coase, R. H. (1960). «The problem of social cost». In *Classic papers in natural resource economics* (pp. 87–137). Londres: Palgrave Macmillan.

Dunning, J. H. (1980). «Toward an eclectic theory of international production: Some empirical tests». *Journal of international business studies*, 11(1), 9–31.

Dunning, J. H. (1988). «The theory of international production». *The International Trade Journal*, 3(1), 21–66.

Dunning, J. H., Lundan, S. M. (2008). *Multinational enterprises and the global economy*. Edward Elgar Publishing.

Freeman, R.E., Harrison, J. S., Wicks, A.C., Parmar, B., de Colle, S. (2010). *Stakeholder theory: The state of the art*. Cambridge: Cambridge University Press.

Hamel, G., Prahalad, C. K. (1995). *Competindo pelo Futuro*. Rio de Janeiro: Campus, 301.

Hymer, S. (1976). *The International Operations of National Firms: A Study of Foreign Direct Investment*. MIT Press, Cambridge, MA.

Lasserre, P. (2003). *Global strategic management*. Macmillan International Higher Education.

Lopes da Costa, R., Leandro Pereira, Nelson António (2019). *Estratégia Organizacional: Do Estado da Arte à Implementação Prática*. Coimbra: Actual Editora, 1ª Edição.

Lopes da Costa, R., Nelson António (2017). *Aprendizagem Organizacional: Ferramenta no Processo de Mudança*. Coimbra e S. Paulo: Actual Editora, 1ª Edição.

Rennie, M. W. (1993). «Born global». *The McKinsey Quarterly*, (4), 45-53.

Schweizer, Roger, Vahlne, Jan-Erik, Johanson, Jan (2010). «Internationalization as an entrepreneurial process». *Journal of International Entrepreneurship*, 8, 343–370. 10.1007/s10843-010-0064-8.

Vernon, R. (1966). «International Investment and International Trade in the Product Cycle». *The Quarterly Journal of Economics*, 80, 190–207. http://dx.doi.org/10.2307/1880689.

ÍNDICE